EL CUIDADO DE LOS GATOS

GATOS

Autor: © Adolfo Pérez Agustí

Edita: **Ediciones Masters**
Fernán Caballero, 4-1º dcha.
28019 MADRID (Spain)
edicionesmasters@gmail.com
www.edicionesmasters.com

EL CUIDADO DE LOS GATOS

No menosprecie nunca a los gatos, puesto que nos encontramos con uno de los animales más inteligentes de la Creación. Siendo una especie tranquila por naturaleza, su antecesor el Gato montés africano se adaptó rápidamente a las personas, permitiéndolas aproximarse al principio, acariciarle después, y finalmente, ser mantenido en confortables hogares. Este gato, apasionado e inteligente, premió a los humanos acurrucándose en su regazo y demostrando su cariño ronroneando, a cambio de cama y comida.

Este truco, al menos así nos lo parece, de ronronear es un único y asombroso fenómeno, pues logra producir placer al más insensible de los dueños. Un granjero podría trabajar todo el día en los campos y volver a casa con los huesos molidos. En ese momento su gato saltaría sobre su regazo y simplemente acurrucándose y ronroneando le alejaría la fatiga rápidamente, tanto del cuerpo como del alma. Muchas personas se ahorrarían mucho dinero en los psicólogos si cambiaran las consultas por un gato. Si no me cree pruebe a realizar este experimento: permita a su gato que se acurruque junto a usted en su cama y déjele que ronronee unos instantes; con seguridad dormirá con más placer e intensidad que en toda su vida.

El gato, no obstante, ha sido objeto de no pocos desprecios y por ello podemos encontrar refranes que nos lo mencionan despectivamente, como cuando nos advierten *"Que no te den gato por liebre"*, o cuando nos critican diciéndonos aquello de *"Eres más huraño que un gato"*, olvidándose eso del ronroneo que hemos mencionado antes. También es frecuente que se diga a los niños que *"Tienes las uñas más largas que un gato"*, o a una ardiente mujer se la critique porque *"Parece una gata en celo"*, del mismo modo que tener un gato negro cerca se considera un síntoma de mal augurio.
Afortunadamente hay quien sale en defensa de estos pequeños felinos, como el cantante Roberto Carlos cuando nos dice que *"El gato que está triste y azul..."* o esa canción infantil que nos habla de *"Estaba el señor Don Gato sentadito en su tejado..."*. En ambos

casos se trata de sensibilizar a los humanos para que comprendamos a estos animales, lo mismo que hizo aquel músico español cuando compuso *"El gato montés"*, el más emblemático y famoso de todos los pasodobles.

Tantas veces hemos oído la frase *"Se llevan como el perro y el gato"*, que nos la hemos terminado por creer. Antagonistas por naturaleza, con un sentido de la territorialidad y de sus obligaciones totalmente diferentes, aparentemente resulta bastante difícil que perros y gatos se pongan de acuerdo y que puedan convivir juntos.

Depredador por instinto, especialmente hacia los ratones y los pájaros, imprevisible en sus reacciones y sin ningún deseo de proteger a sus amos, el gato suele ser el señor de la casa. Su gran facilidad para adaptarse a cualquier ambiente, incluso a vivir al aire libre y sin hogar, hace que suela aceptar sin problemas convivir con humanos o con los de su misma especie.

La historia, la leyenda y hasta los cuentos infantiles han estado plagados de gatos, maravillosos algunos y terroríficos otros, como el emblemático Gato con Botas que era capaz de correr más que un gigante con sus botas de las siete leguas.

También son conocidos, aunque algo más malvados, esa pareja de gatos llamados Si y Am que se dedicaban a amargar la vida y amores de la perrita Reina en "La dama y el vagabundo", lo mismo que aquel tan perverso que no dejaba en paz ni a Cenicienta ni a sus alegres ratones mágicos, convertidos gracias a una hada madrina en guapos mozos de carruaje. Otros gatos generados por la imaginación del genial Walt Disney son "Los Aristogatos", elegantes y sagaces persiguiendo a los malvados; el gato Risón que iluminaba y desconcertaba a Alicia cuando estaba viajando por el País de las Maravillas, y Fígaro, eterno compañero de Pinocho y el carpintero Guepetto.

La literatura infantil siempre ha sido pródiga en mostrarnos gatos encantadores, protagonistas de aventuras humanizadas y entre ellos podemos recordar con especial agrado al Gato Félix, negro pero sin maldad; a Garfield, el más filósofo de todos, sin olvidarnos de Tom el eterno enemigo de Jerry, ni de Isidoro, Micifú o Silvestre, empedernido perseguidor de Piolín.

Sin embargo, y aunque el recuerdo de nuestros ancestrales gatos de ficción infantil nos conmueva, seguro que los gatos que más nos atraen son aquellos de carne y hueso que nos ha legado el cine, como puede ser Catwoman, la más guapa y sexy de todas las gatas, especialmente cuando es interpretada por Michelle Pfeiffer, o esa "Gata sobre el tejado de zinc" interpretada por Elizabeth Taylor, tan seductora que hasta terminó por llevarse a la cama al insensible Paul Newman.

EL GATO EN LA HISTORIA

Dotado de estupendas cualidades para defenderse, una gran capacidad y velocidad de reacción, y un sexto sentido para presentir el peligro inminente, el gato requiere menos atenciones que el perro, tanto a nivel físico como de compañía. Puede permanecer largas horas solo sin que nos eche de menos y ni siquiera dará saltos de alegría cuando le volvamos a coger en brazos después de estar ausentes unos días. A cambio, le tendremos siempre allí, a nuestro lado, acurrucado y ronroneando mientras vemos la televisión, sin exigirnos que le saquemos a pasear o juguemos con él.

Con frecuencia, una simple pelota le mantendrá activo y entretenido durante largo tiempo. Esta faceta supone una sensible diferencia con el perro, puesto que ni necesita correa, ni que le saquemos a la calle todos los días para pasear. Poco amigo de confraternizar con los extraños, no necesita apenas que le eduquemos y aprende por instinto dónde es el lugar elegido por su amo para que haga sus necesidades. Se trata, pues, de un animal doméstico para quien gusta sentirse acompañado de habitación en habitación, incluso en la cama, sin necesidad de dedicar demasiado tiempo a su cuidado. El gato, ya lo sabemos, sabe cuidarse a sí mismo.

Gatos domésticos

La domesticación del gato no fue tan fácilmente lograda como la del perro, puesto que el gato no es un animal sencillo, reacciona simultáneamente por instinto y por experiencia, y no desea cooperar con los demás. Parece ser que las primeras experiencias tuvieron lugar hace 5000 años, posiblemente en el valle del Nilo, en lo que es ahora Sudán y antes el alto Egipto. También sabemos que ese mecanismo para domesticarle se empleó muchas veces a lo largo de Africa y Asia durante los milenios.

Las personas que antes habían tenido un estilo de vida nómada aprendieron a cultivar la tierra y se establecieron en comunidades agrarias. Como esas comunidades dependían para su existencia de las cosechas que sólo podían segarse una vez o dos veces un año, diseñaron unos lugares de acopio para las cosechas y disponer siempre de alimento. Primeramente, esto consistió meramente en guardar el grano en cestos, lo que atrajo ratones, ratas, y otros bichos que rápidamente aprendieron a adaptarse a las maneras del hombre para conseguir una comida libre. La abundancia de bichos atrajo también al Gato montés africano que pudo, así, disponer de comida fácil.

No fue ningún problema saber qué bichos se comían el grano, algo indeseable a impedir rápidamente, y por eso se dejaron en libertad a los gatos para que se comieran a los bichos, lo que sí era deseable. Las personas empezaron animando a los gatos para que se introdujeran en los graneros empleando el señuelo de las cabezas de pescados, un alimento al que los gatos eran aficionados. Y así, desde el momento en que ellos tenían ya una larga lista de alimentos (ratones, ratas y cabezas de pescado) a su libre disposición, no hubo ninguna amenaza más para los humanos, ni por supuesto para los gatos. Desde entonces todo el mundo sabía que gritar, pegar o cazar gatos suponía ver sus graneros infectados de bichos y por ello alejaron también al resto de los animales depredadores que pudieran molestar a los gatos. Con todos estos alicientes, no nos debe extrañar que el gato se instalara perfectamente y perennemente en las moradas de los hombres y que viviera una de sus épocas doradas.

Los humanos aprendieron pronto que el gato duerme varias veces al día muy brevemente, en lugar de un solo periodo largo como hacen las personas y los perros, y se despierta rápidamente. Es como si estuviera preparado para hacer su trabajo con un reloj interno.
También está especialmente en alarma y activo por la noche, cuando los ratones están igualmente despiertos y los perros dormidos. Ayuda a menudo al perro de la familia, a quien alerta de cualquier cosa extraña que pueda suceder en el lugar, puesto que ve y oye lejos mejor que los perros, especialmente por la noche, y por eso es necesario que se lleven bien y puedan cooperar.
También descubrieron con satisfacción que, al contrario que el perro, el gato siempre está limpio.

Entierra sus basuras fuera, lejos de su cubil (la casa de las personas), para no atraer a los depredadores u otros gatos. Todos estos rasgos deseables han ocasionado que el gato se haya convertido en un miembro permanente de la sociedad humana como un buen compañero.

Gatos divinos

Antes que las demás naciones, los antiguos egipcios habían progresado mucho en todos los aspectos, y los pensamientos eran con frecuencia orientados por el Shaman del pueblo, en un sistema hiper-complejo de dioses y diosas con un juego de rituales detallados cuidadosamente. Los dirigentes se afianzaron, como se ha hecho a menudo, exigiendo su derecho a gobernar por ser un mandato de los dioses. Este derecho divino de los reyes produjo en el futuro una serie de semidioses, algo así como un buen dios y el rey se convirtió en el Faraón, el dios-rey. Desde que el faraón era ya uno de ellos, este concepto fue impulsado fuertemente por los sacerdotes, pues convertirse de la noche a la mañana en consejero y cuidador de un dios no estaba al alcance de cualquiera. Egipto tuvo en esa época una teocracia firmemente atrincherada.

En cualquier época los requisitos de comida de una ciudad son mayores que en un pueblo, y por ello en el antiguo Egipto se confiscó el grano como tributo y se guardó en los graneros reales. Estos graneros simplemente eran edificios de almacenamiento sin ventanas y, como todos los edificios, no estaban a salvo de la invasión de pequeñas criaturas: nuestros viejos amigos los ratones y las ratas. Con todo ese grano apilado en grandes montones, los roedores tenían una despensa inagotable y un lugar tranquilo para comer y aparearse, dos cosas a las que todo el mundo nos apuntamos. Pronto esto se convirtió en un problema para el Faraón, hasta que se le ocurrió requisar a todos los gatos de la comarca y emplearlos para combatir a los bichos.

Tratando a los gatos como personas, a algunos mejor aún, surgió un problema que ni siquiera el Faraón podía resolver. Siendo él un dios, probablemente con sabiduría divina, no podía dedicarse a acariciar y mimar a los gatos más que a su propia esposa, por lo que resolvió el problema de una manera sencilla: desde ese momento todos los gatos de Egipto eran semidioses. Como consecuencia de ello pronto hubo decenas de miles de pequeños peludos corriendo y ronroneando, tratados como divinidades. Y como en todas las locuras del hombre, estamos seguros que los gatos ignoraron este ascenso suyo en la escala evolutiva.

Por supuesto, un humano no podría poseer un semidiós, privilegio exclusivo de un dios completo, y ¿quién era el único dios?: nuestro amigo, el Faraón. Los humanos podían, sin embargo, mantener una casa y comida para el semidiós, y así, cada gato tenía su granero asignado para la noche y era recogido cada mañana por su siervo humano, un trabajo ideal para cualquiera.

Como compensación por este servicio, las familias recibían un crédito para pagar sus impuestos, dándose la razonable circunstancia de que todo el mundo exigía tener un gato para cuidar.

Desde que todos los gatos eran propiedad del divino Faraón, matar o dañar a uno, incluso por accidente, era un crimen importante. Si una casa ardía, los gatos eran salvados los primeros, y después, si había tiempo, las personas. La explicación parecía razonable puesto que las personas eran, después de todo, solamente humanos.

Siempre que un gato se moría por causas naturales toda la familia de humanos iniciaba un ritual de lamentos y ceremonias, a menudo afeitándose sus cejas, cantando, golpeando sus pechos, y otras señales exteriores para demostrar su pesar por la pérdida. El cuerpo del gato era envuelto cuidadosamente en lino y llevado a los sacerdotes que verificaban cuidadosamente que su muerte era natural. Cuando los sacerdotes expedían el certificado, el cuerpo se embalsamaba hasta convertirlo en una momia-gato. Para los incrédulos les diré que hasta ahora se han encontrado en Egipto más de 300.000 momias de animales en las excavaciones de Beni-Hassan.

El ritual y la mitología acerca del gato se extendieron más allá de sus habilidades para cazar roedores. Las personas creyeron pronto (ayudados, no lo dude, por los sacerdotes) que los gatos tenían una influencia directa en la salud, el matrimonio, la fortuna, y otros aspectos no relacionados directamente con los gatos.

La diosa de la vida y la familia era Bast, que tenía el cuerpo de una mujer y una cabeza de gato. En su mano izquierda, Bast era pintada a menudo sosteniendo un amuleto en forma de ojo sagrado, el utchat, del que se creía tenía poderes mágicos.

El propio utchat estaba por todas partes en la sociedad: como decoración, en casa, metido en urnas, llevado como una joya, etc. Se describía a menudo como si fuera el ojo de un gato, y a veces con gatos dentro del propio ojo. Un utchat dibujado en la puerta de la vivienda era como un ojo velando para que no entraran los ladrones y los vándalos, ejerciendo como un eficaz guardián y protegiendo la casa. Un utchat encima del dintel era también el ojo que velaba por todos los moradores, preservándoles de la enfermedad y los accidentes y cuando se llevaba alrededor del cuello nos preservaba durante nuestro andar por los caminos. Si teníamos un utchat que muestra una gata con muchos gatitos lo entregábamos como un presente de boda para asegurarles a los esposos muchos niños. Como vemos, las creencias sobre las habilidades y poderes eran legión, tantas como los fabricantes de utchat.

La expansión

Por supuesto, quitar uno de los gatos divinos de Egipto era robar al Faraón, y por tanto, un crimen importante. Como resultado, tuvieron que pasar muchos años antes de que se pudieran exportar gatos a otros países cercanos.

Las excepciones a esto eran los barcos: los marineros siempre han sido personas prácticas y los navegantes del Nilo llevaban gatos a bordo por la misma razón que los sacerdotes querían gatos en los graneros, para matar a los roedores.

Los navegantes tenían que fletar fuera sus mercancías hasta tierras fenicias y hacia otros comerciantes marineros de la boca del Nilo, y a veces entregaban uno o más gatitos como regalo, lo que suponía un obsequio muy apreciado. De esta manera el gato doméstico se extendió despacio, por mar hacia distintos países a la orilla del Mediterráneo, y de allí fueron en caravana hacia tierras del norte y del este.

De una manera similar, las caravanas que cruzaban el desierto que separaba el Nilo del Mar Rojo llevaron a los gatos con ellos, muchos de cuyos animales encontraron la manera de irse con los comerciantes hindúes. Estos hombres llevaron los gatos a la India, donde realizaron operaciones comerciales y ventas de gatos al este de Birmania, Siam y el norte de China.

Pero también hubo otras civilizaciones, además de la egipcia, que se dedicaron a expandir al gato por todo el mundo, como los persas, los griegos y los romanos, aunque hay que reconocer que fue Egipto quien proporcionó el más valioso tesoro al conseguir cambiar al Gato montés africano, ahora modificado ligeramente en un Gato domesticado, extendiéndolo hacia los Imperios de Darío, Alejandro y Cesar.

Hay algunas evidencias que un cierto tipo de domesticación independiente pudo tener lugar en el valle del Indus, por medios similares a los que se emplearon en Egipto (sin los aspectos de divinidad), pero parece ser que se refiere al Felix sylvestris, el gato montés básico, que posiblemente fue domesticado al principio y desapareció como una raza distinta en cuanto se extendieron los gatos egipcios a través de las rutas del comercio.

El mundo occidental tenía también casas con gatos, e igualmente los empleaba para trabajar como vigilantes, pero cuando el comercio se extendió a la India los gatos fueron considerados, además, como animales de compañía.

Como complemento a esto, la palabra para denominar al gato en el Egipto antiguo era "el mau", su versión de "el maullido", una palabra del léxico gatuno universal. Cuando los gatos domesticados de Egipto estuvieron unidos a ese sortilegio llamado utchat comenzaron a emplearse otras denominaciones Indoeuropeas para el gato: gato, charle, cattus, gatus, gatous, gato, katt, katte, kitte, gatito, etc. También de la diosa gata Bast, llamada más tarde Pasht, se tomaron los nombres de: el pasht, pasado, pushd, pusst, gato, etc.

Gatos diabólicos

Estos fueron los días Dorados en la historia del gato. Todos querían tener su propio gato y por ello se diseminaron por pueblos y ciudades, convirtiéndose en parte esencial de la vida. La tendencia de los gatos para ser útiles eliminando bichos los hizo deseables para el granjero, el comerciante, el militar y posteriormente para todo el mundo en general. Además, pronto se les encontró otra cualidad aún más interesante, puesto que su comportamiento estaba rodeado de una aureola de misterio. Hubo quien les incorporó a su ritual cotidiano, algo así como un ritual religioso, y se formaron centros especializados en el culto a los gatos en donde se les adoraba como seres especiales, aunque sin llegar al grado de divinidad que habían tenido en Egipto.

Durante la Edad Media, la diosa escandinava Freya era lo más parecido a una diosa gatuna entre los europeos. Ella se representaba con dos grandes gatos tirando de su carruaje, y rodeada por una gran cantidad de gatos. Su imagen quedó irrevocablemente unida con nuestros amigos peludos, y en las ceremonias religiosas siempre había varios gatos presentes. Su día de culto era el viernes, pero cuando la Cristiandad impidió su culto, Freya se convirtió en un demonio, y el viernes se transformó en el Sabát Negro, con lo cual la figura del gato pasó a ser una manifestación del diablo, o sea, una persona non grata.

Así empezó el momento más bajo en el prestigio de los gatos y se cuenta que se mataban al menos 1000 animales al año durante esta clase de inquisición felina.

Durante este periodo, cientos de miles de gatos acabaron sus días torturados, colgados, quemados en una estaca, asados vivos, o simplemente destrozados. Tan grande fue esta persecución que la población de los gatos europeos menguaron al menos un diez por ciento de su totalidad, a pesar de la gran velocidad con la que procreaban. Parece ser que eso de aparearse era el único privilegio del que todavía disponían.

Afortunadamente hubo una tregua breve durante los años de la Peste Negra. Con las personas preocupadas por sobrevivir no tenían ni el tiempo, ni el deseo, para perseguir gatos. Los gatos respondieron a esta ausencia de persecución multiplicándose rápidamente y engullendo la abundante comida que había a su alrededor: las ratas que habían traído la plaga. Por ello, pudiera ser que esta plaga finalizase debido a tres factores claves: se murieron tantas personas que los campos no pudieron plantarse; la falta de comida en el campo ahuyentó a las ratas de las ciudades (las ratas son como los buitres), y el aumento súbito en el número de gatos les impedía seguir corriendo a sus anchas diseminando la plaga.

Los hombres, por supuesto, rápidamente premiaron al gato por ayudar a la humanidad reasumiendo los derechos que la inquisición felina les había denegado. No obstante, esta persecución no acabó hasta el siglo veinte, cuando la iglesia cristiana dejó de perseguir a las brujas y sus familiares los gatos.

Pero también hubo muchas personas que amaron profundamente a los gatos incluso en las épocas más siniestras de la inquisición, y cuidaron amorosamente a estos animales. Los numerosos gatos pintados por sus amos durante siglos muestran claramente que el gato nunca estuvo excluido de la sociedad y que siempre estuvo unido a los humanos. Desde un punto de vista completamente práctico, era muy duro convencer a un molinero que había amado a su gato por matar al roedor que se comía su grano que ese gato amado era una manifestación del diablo. El gato, por supuesto, permaneció ignorante sobre esta clasificación humana de lo bueno y lo malo, puesto que para él una cosa era la comida y otra quien le cuidaba.

Antes de abandonar la Edad Media hay que hacer una mención especial de la relación entre las brujas y los gatos, perpetuada hasta ahora gracias a la Víspera de Todos los Santos. En la sociedad religiosa que vivió en la Edad Media la vida era dura (sobre todo para los siervos), y las pocas personas que vivían más allá de cuarenta o cincuenta años eran considerados ya unos viejos.

La higiene y la medicina hacían todo lo que podían, apenas nada eficaz, y la vida ingrata de las personas pagaba su tributo en forma de varios problemas superficiales, pérdida de dientes, encías sangrantes, artritis, reúma, lumbago, y enfermedades similares. Un hombre viejo o una mujer no tenían ya nada de la belleza de su juventud y puesto que era una sociedad orientada al varón, un hombre viejo podía ser aún venerado por sus conocimientos adquiridos, pero una mujer vieja era una cosa inútil. Ella ya no podía cuidar a los niños, ni llevar madera, arar el campo, o hacer cualquier cosa que la divirtiera o entretuviera en la vida. Si unimos a esta inutilidad el hecho que todos los demás miembros de la familia estaban fuera de su casa todo el día, trabajando, las pobres y ancianas arrugadas no tenían nada que hacer salvo sentarse en una esquina de la cabaña, murmurando de todo y acariciando al gato. Aunque hay todavía algún idiota que considera una fortuna eso de pasarse las horas sentado en el porche de la casa acariciando a un gato, esto se debe a que nunca les ha tocado hacerlo, por ahora.

Como consecuencia de este aburrimiento, con viejas acariciando sus gatos mientras miraban furtivamente a sus vecinos, cada vez que había una desgracia o un infortunio en la comunidad se decía que era una maldición. Y, ¿a qué no saben quién era el culpable de esa desgracia?. El gato, por supuesto, quien junto a la vieja bruja sentada en el porche de su casa les echaba maldiciones a diestro y siniestro.

Ya tenemos, por tanto, a las nuevas brujas, con sus demoníacos gatos en el regazo. Ahora ya no se las quemaba en la hoguera, pero se las dejaba morir de inanición, junto al también inocente gato cuya única culpa era estar tumbado horas y horas en el regazo de la anciana.

Gatos maravillosos

Los gatos y los marineros tienen una atadura especial e irrompible que ha resistido el paso de los tiempos. Los marinos son hombres prácticos y por ello normalmente han llevado gatos como parte de su cargamento a bordo de las naves. El gato en los barcos es un miembro respetado e importante de la tripulación, prestigio ganado por su trabajo contra las ratas, y no como un animal doméstico. Tanto es así que más de un motín a bordo ha estado ocasionado porque al capitán se le ocurrió dar puntapiés al gato.

Los viajes por mar podían tardar semanas, meses o incluso años, y el marinero raramente veía a un sacerdote. Por ello desarrolló su propia versión de la religión que incluía detalles necesarios para evitar el sexo y la añoranza de la familia, sustituyéndolos por el cuidado a los gatos del mar. Como consecuencia, los gatos proliferaron mucho y, al igual que los marinos, tenían una novia gatuna en cada puerto, a pesar de la proscripción de la Iglesia que intentaba controlar también el apareamiento de los gatos.

Al Oriente Lejano el gato llegó dos veces, una vía por las rutas del comercio por tierra y otra por el mar, apreciándosele pronto sus cualidades anti-bicho. También fue apreciada, para su desgracia, su valía como comida exquisita y pronto nació un plato denominado algo así como: "Gatito con arroz frito". Bueno, esto para algún gato en concreto era una maldición y un problema irreversible, pero para la especie fue una bendición porque ello significaba que se les facilitaba el apareamiento continuado y se les alimentaba bien, lo que contribuyó a que su número aumentara sensiblemente.

El gato se extendió rápidamente a lo largo del mundo y logró una gran variedad de reconocimientos por los humanos, ya sea de forma intencional o accidental, consiguiendo mejorar las razas mediante el cruce con gatos salvajes locales.

Lejos de la influencia de la Iglesia, en muchos lugares el gato obtuvo una gran importancia mística y religiosa. Debido a su habilidad para sobrevivir a los desastres se dice que el gato tiene nueve vidas, pues nueve es un número místico, una trinidad de trinidad, y es asociado con la buena suerte. Otras culturas le rebajan ese poder hasta las siete vidas, lo que tampoco es un problema al menos si lo comparamos con la única vida que tenemos los humanos.

El japonés tiene el Mi-ke, o la buena fortuna del gato, un calicó (tela de algodón), así como las estatuas de la fortuna que están por Japón. El británico tiene la superstición que si un gato, sobre todo un gato negro, se cruza en tu camino la buena suerte seguirá, todo lo contrario que en España. Nuestra superstición sobre el gato negro viene desde la caza de brujas en Salem, donde los gatos de las mujeres pobres eran a menudo colgados con ellas y por ello se llegó a decir que tener un gato negro daba mala suerte. Esto, unido con la superstición del gato negro británico importada, cambió la buena suerte por la mala y así los gatos volvieron a ser víctimas de la estupidez de los humanos.

En Asia, se usaron a menudo gatos en los templos para controlar a los ratones que masticaban los pergaminos de la oración, y muchos de ellos alcanzaron cierta categoría mística. Si un gato cazaba muchos ratones infieles, era porque estaba dirigido por la mano de Dios y había que considerarlo, al menos, como protegido divino. Los lamas del Tíbet veneraron a los gatos por su paciencia. En Siam (ahora Tailandia), los sacerdotes cuidaron gatos sagrados para los templos, similares a los gatos siameses de hoy, pero con el cuerpo un poco más rechoncho y con una anilla en la cola. Esta anilla tenía una gran importancia religiosa en los templos pues se decía que provenía de un lugar divino. En Birmania los gatos sagrados de los templos eran siameses melenudos, pero con los pies blancos y ninguna anilla.

Gatos originales

De todas las castas actuales de gatos las dos que tienen mayor posibilidad para ser el gato doméstico original son los Mau egipcios y el Abisinio. Los dos tienen la estructura del cuerpo y la cabeza que les define perfectamente como procedentes del Gato montés africano. La última tendencia en la cría del Abisinio moderno es engendrar animales de un tamaño pequeño, pero eso no destruye el argumento sobre su origen. También, los dos tienen una estructura de la piel relativamente primitiva comparada con los otros gatos domésticos, y por ello ambos son definitivamente identificables de ese lugar.

El Mau egipcio es un gato atigrado manchado (similar al Gato montés africano con manchas en lugar de rayas), con patas largas, ligeramente más largas atrás, dándole una apariencia rastrillada y haciéndole muy rápido. Se parece intensamente a los gatos vistos en muchas pinturas de templos egipcios.

El Abisinio tiene los rasgos más similares al conejo, con la cara algo más salvaje, parecido igualmente a muchos gatos de los que se representan en las pinturas de los templos.

Hay una gran probabilidad de que el gato original era muy poco rayado, lo mismo que el Gato montés africano, pero que cuando se diseminó por los linderos del desierto le nacieron las rayas y todas las demás variedades que conocemos. Hay también una fuerte evidencia que muestra al gato siendo domesticado en distintas épocas y lugares, y que el gato moderno realmente es un compuesto de estos distintos animales domésticos antiguos.

LA EVOLUCIÓN DEL GATO

En el principio, aproximadamente hacen 4.6 mil millones de años (más o menos), un trozo pequeño de piedra, agua y gas, se mezclaron en un proceso de combinar sus átomos para generar elementos complejos. Así empezó la historia más maravillosa, la evolución de la vida en el planeta Tierra.

Durante los primeros 2.1 mil millones años de la existencia de la Tierra, la vida evolucionó muy despacio. La corteza de la Tierra todavía estaba cubierta por la mayor parte de los mares poco profundos y la atmósfera estaba principalmente compuesta de metano, amoníaco, dióxido de carbono y vapor de agua. De estos elementos químicos nació la primitiva vida, existiendo dos escuelas primarias de pensamiento en los procesos involucrados que podríamos definir como la teoría de la "sopa" y la teoría del "bocadillo".

Según la teoría de la sopa más popular, la evolución química primero tuvo lugar en la atmósfera superior, donde la radiación ultravioleta del sol podría generar un surtido de simples y complejos orgánicos (basados en el carbono), unas moléculas distintas de los componentes básicos de la atmósfera. Como estas moléculas cayeron en forma de lluvia a los primeros océanos, un tipo de sopa (de ahí el nombre) se creó. Gracias a la radiación ultravioleta, la acción volcánica, y otras formas de calor y energía, esta sopa pudo combinar las moléculas orgánicas en formas más completas: primero en aminoácidos simples, después en macromoléculas orgánicas, y finalmente en virus simples.

El único problema con la teoría de la sopa es que eso lleva a un callejón sin salida, puesto que el tiempo requerido para ello es estadísticamente mayor que la vida de la Tierra. Bueno, las estadísticas con tantos millones de años por medio no son fiables y por eso se han mencionado varias explicaciones para considerar estas diferencias en el tiempo. La más popular de estas teorías es que los mares pudieron haber sido sembrados de moléculas orgánicas procedentes del espacio, aunque también hay quien afirma que esta siembra fue preferentemente a través de las moléculas orgánicas presentes en la formación original de la Tierra, o del bombardeo posterior por meteoros o más probablemente cometas que contenían los compuestos orgánicos (una mezcla de sopa cósmica).

Y esto nos lleva ahora a la teoría del bocadillo. Los estudiosos de este bocadillo tan complejo dicen que las moléculas orgánicas se formaron en la superficie del mar como piedras cristalinas, y así se formó ese "bocadillo" con un área activa intercalada entre el mar y las piedras. Ellos sostienen que las aberturas volcánicas submarinas todavía están evolucionando en sus componentes básicos.

Los lectores interesados en los gatos se preguntarán si este capítulo sobre sopas y bocadillos se ha incluido por error en este libro, pues posiblemente no le encuentran una relación con los preciosos gatitos hogareños. Relación existe, por supuesto, aunque un poco lejana en el tiempo como veremos ahora.

La Gran Evolución

Las primeras algas verdes-azuladas marcaron el comienzo de la era Proterozoica, aproximadamente hace 2.5 mil millones años. Estas algas eran de este color porque poseían una molécula verdaderamente maravillosa, la clorofila, el elemento que hace posible la producción de alimento directamente de la luz del sol y el dióxido de carbono en la atmósfera. Este es el proceso de la fotosíntesis. La consecuencia de este proceso es la generación de oxígeno libre como un producto de desecho y que combinado con el metano y el amoníaco en la atmósfera forman el ozono, el nitrógeno libre, y más dióxido de carbono.

En esta atmósfera de nitrógeno y oxígeno se desarrolló la evolución, aproximadamente hace 1.5 mil millones años, y crecieron criaturas como las bacterias y protozoos que consumían oxígeno. Comían las algas y de ahí se desarrollaron los primeros animales, entre ellos, por fin, los gatos.

Hace 500 millones de años había ya vertebrados (criaturas con esqueletos, aunque de cartílago y no de hueso) y los peces estaban desprovistos de mandíbula, siendo un ejemplo de ellos las lampreas. El cartílago evolucionó hacia el hueso, y esto llevó a la evolución de los primeros peces óseos. La mayoría de los peces de hoy son así, aunque todavía existe algún pez cartilaginoso como los tiburones. Después llegaron los animales artrópodos, o sea los escorpiones, arañas, y otros bichos, mientras que los anfibios, reptiles, pájaros y mamíferos aparecieron hace 370 millones de años.

Algo más recientemente, hace "solamente" 65 millones de años, a finales del Cretáceo, se desarrollaron la gran familia de los Felidae, los mejores cazadores terrestres de todos, expertos en atrapar y comerse a los animales herbívoros, bastante más pacíficos. En ese momento parece ser que es cuando los dinosaurios se extinguieron y fue cuando alcanzaron todo su esplendor los Creodotos, unos mamíferos carnívoros de pequeño tamaño que se extinguieron posteriormente hace 12 millones de años. Pero los antepasados del gato tendrían que esperar su turno y coincidiendo casi con los Creodotos se desarrollaron los Miácidos, unos pequeños animales que vivieron en los bosques y que tenían ya un cerebro más desarrollado. Poseían, además, 40 dientes, algunas de cuyas piezas estaban casi tan afiladas como un cuchillo. Parece ser que ellos, mucho más agresivos y voraces que los Creodotos, fueron quienes contribuyeron a su definitiva extinción, haciéndose los dueños del terreno que pisaban. Hay quien asegura que estos animales eran los predecesores de los carnívoros, incluso de los gatos.

Casi unos gatos

Ya sabemos que el periodo Cretáceo y la era Mesozoica supuso una parada brusca en la evolución de los Cretáceos y que, de repente, la Tierra se quedó sin la mayoría de las especies dominantes: no más dinosaurios, pterosaurios, o plesiosaurios, entre ellos el famoso monstruo del lago Ness.

De entre las pocas criaturas que sobrevivieron al Cretáceo había una pequeña, activa, adaptable, y con el comportamiento de una arpía, aproximadamente de 7-8 pulgadas de largo, conocida como Miácido. Era como un perro pequeño y poseía esos dientes carnasiales diseñados para cortar que tienen ahora los gatos y perros modernos. Estos dientes avanzados eran fundamentales para matar a las rapaces, permitiéndoles digerir mejor los alimentos y contribuir así a un mayor crecimiento corporal.

Los Miácidos eran unas criaturas pequeñas que evolucionaron rápidamente bajo la presión de otras criaturas similares y posteriormente llegaron hasta el Profelis, el precursor de todos los gatos, una evolución a su vez del Dinictis. Este animal se parecía al Hoplophoneus pero se diferenciaba en la estructura de la mandíbula y en los caninos superiores, menos potentes para pelear que el Profelis. Los dos estaban a mitad de camino entre un gato y un tigre pequeño, aunque ambos eran plantígrados, diferenciándose posteriormente en que los gatos caminan sobre los dedos de sus pies, mientras que los plantígrados lo hacen sobre el pie entero.

Hace aproximadamente 25 millones de años, los Hoplophoneus habían evolucionado hasta el Smilodon, el famoso tigre de dientes de sable, un gato en apariencia que caminaba sobre todos los dedos de sus pies, pero que tenía un cerebro menor. Este Smilodon era el extremo de su línea, y desapareció hace unos 12.000 años.

El otro ejemplar, el Dinictis, un intermedio entre una civeta y un felino, tenía las patas y la cola larga, además de una característica única: poseía tres párpados. Pronto evolucionó hasta convertirse en un Pseudaelurus, sumamente parecido ya a un gato moderno, con las extremidades largas y zarpas con cinco dedos que le permitían andar sobre la punta de ellos, teniendo, además, los dientes de un verdadero gato, aunque su cerebro era aún pequeño en comparación.

Y ya plantados en el Plioceno nos encontramos con los verdaderos felinos, entre ellos el Felis lunensis, o gato Montés de Martelli. Estos gatos tenían los cerebros más grandes, sorprendentemente humanos en su estructura y aunque el gato de Martelli está extinguido, todavía existen gatos entre nosotros iguales a aquellos tan lejanos.

En alguna parte entre la Primera y Segunda Era glacial, un gato muy especial, el Felis sylvestris, hizo su aparición, y todavía está con nosotros como el Gato montés europeo. Surgido posiblemente a finales de la Primera Era glacial, hace 900.000 años, se extendió por Europa, Asia y Africa mediante tres tipos esenciales: el Gato montés europeo, el africano y el asiático. Se cree que fue precisamente del africano de quien descienden los gatos domésticos actuales.

La otra evolución

Hubo un momento en la evolución de los felinos en la cual unos se transformaron en los Felis o pequeños felinos y otros evolucionaron hacia el Acinonyx o Guepardo, y de éste al Panthera, como ejemplo de los felinos rugidores.
De la especie de los Felis salieron: el gato de Geoffroy, el gato doméstico, el gato de la jungla, el Lince, el gato Manul, y el Ocelote. También tenemos al gato montés africano, al asiático y al europeo, además de otros 18 felinos más pequeños. En el otro extremo están el Leopardo, el Tigre, el Jaguar, el León y la Pantera nebulosa, aunque hay quien prefiere clasificarlos por separado.

Una clasificación algo más concreta se establece así:

Gatos Monteses:

Gato manul
Gato de la jungla
Gato de las arenas
Gato del desierto de China
Gato montés europeo
Gato doméstico.

Ocelotes:

Gato de Geoffroy
Gato de las pampas
Ocelote
Gato montañés
Margay
Kodkod
Oncilla

Pantera:

León
Tigre
Leopardo
Jaguar
Leopardo nival
Gato jaspeado
Pantera nebulosa

Linces (rojo, norteamericano, euroasiático, ibérico)
Serval
Gato montés africano
Gato dorado asiático.
Gato pescador, leopardo, de cabeza aplanada, moteado rojizo, de Borneo, iriomota.
Puma

Guepardos:

Tienen una taxonomia indeterminada.

Expansión del gato doméstico:

Tenemos pruebas de la presencia del gato montés africano en algunas cuevas primitivas habitadas por el hombre, aunque no sabemos si los empleaban como alimento o como caza-ratones. La posibilidad de que se les considerasen como animales de compañía no parece razonable, al menos en situaciones de penuria alimentaria.

Procedentes de Egipto los gatos se introdujeron por todo el mundo y sabemos que se desarrolló en Italia una raza de animales de pelo corto aproximadamente en el año 900 a. C. En el siglo IV de nuestra era esta raza estaba ya ampliamente extendida por toda Europa, llegando al Reino Unido en el siglo X.

En el siglo XVI los gatos de pelo largo llegaron a Italia procedente de Turquía, mientras que el Manx llegó a la Isla de Man procedente de Extremo oriente, pero en un buque español. Un siglo después hacen su entrada en los Estados Unidos los gatos de pelo corto llevados por los primeros colonos, mientras que a mediados del siglo XIX los gatos Persas entran por primera vez en el Reino Unido desde Turquía.

A punto de comenzar el siglo XX, y procedentes de Siam, llegan los gatos Siameses al Reino Unido, mientras que este país introduce a los Persas en los Estados Unidos y los gatos Abisinios llegan desde Abisinia a Inglaterra.

Y ya en el siglo XX, los gatos Sagrados de Birmania llegan a Francia, mientras que en los años 50 lo hacen los de Angora procedentes de Turquía y con destino a los Estados Unidos, y los Gatos Turcos desde Turquía al Reino Unido. También es importado a América el gato Burmés desde Birmania, el Mau egipcio desde Egipto, y el Korat desde Tailandia.

Finalmente en los años 70 llega a los Estados Unidos el Bobtail japonés, el gato de Singapur y el de Angora.

ANATOMÍA DEL GATO

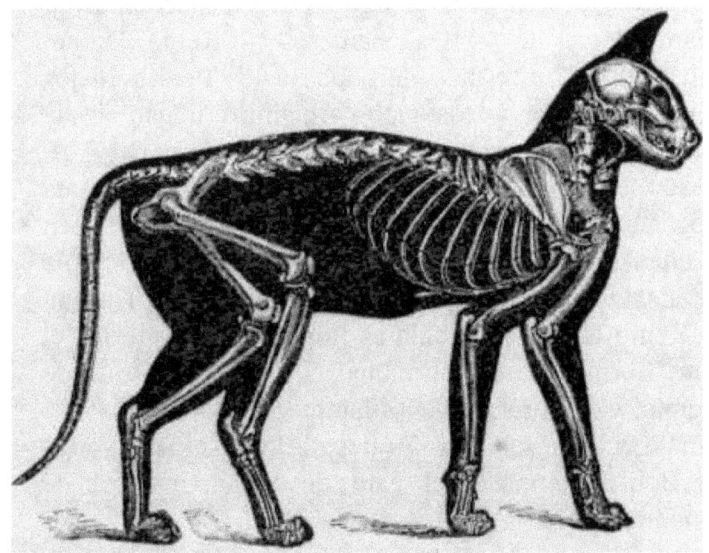

Ya sabemos que el gato es un depredador nato y bastante eficaz si tenemos en cuenta su pequeño tamaño. Puesto en libertad en una granja o en un almacén destartalado, logrará encontrar comida sin ninguna dificultad, logrando atrapar pequeños animales por muy inaccesibles que nos parezcan. Dotado de una gran valentía, velocidad y agresividad, logra atrapar y aniquilar a sus presas en pocos segundos, incluso aunque sean mayores que él, pues sus afilados dientes y garras funciona como eficaces cuchillos.

Con una piel que le permite soportar sin problemas la humedad, la lluvia intensa, el frío y el calor, permanecerá escondido en los lugares más insalubres en espera de su presa, silencioso y con los sentidos tan atentos que es imposible que se le escape. Su colorido le permite camuflarse sin problemas y su especial constitución ósea le faculta para introducirse en lugares en los cuales parece imposible que lo pueda hacer. Si además es capaz de maullar simulando el llanto de un niño, y hacerse el muerto durante horas en espera de su oportunidad para escapar, tenemos ya con nosotros un ejemplar único en la naturaleza, bastante menos honesto que un perro, mucho menos fiel, pero igualmente temible cuando se enfada.

Por tratarse de un mamífero el gato no se diferencia esencialmente de nosotros los humanos, ni mucho menos de otro mamífero. En ellos, por tanto, podemos encontrar una columna vertebral, órganos internos, pulmones, corazón, un sistema circulatorio y el sistema nervioso, entre otros.

Cerebro:

Proporcionalmente tiene un buen tamaño cerebral y todas las partes que rigen sus sentidos están perfectamente conectadas y desarrolladas. El hecho de que, por ejemplo, el lóbulo central sea más sencillo que el del ser humano, no le quita ninguna capacidad para la inteligencia en la supervivencia.

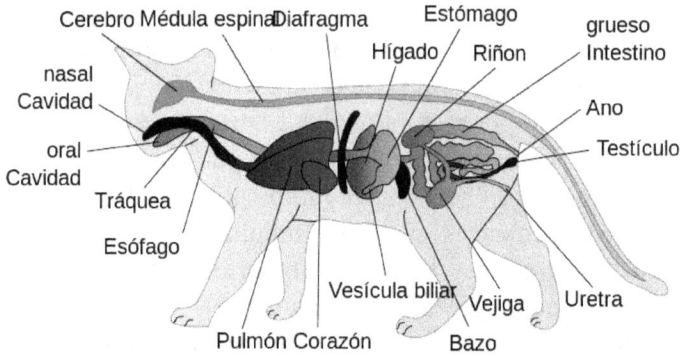

Cerebro Médula espinal Diafragma Estómago grueso Intestino · nasal Cavidad · Hígado · Riñon · oral Cavidad · Ano · Tráquea · Testículo · Esófago · Vesícula biliar Vejiga Uretra · Pulmón Corazón Bazo

Cabeza:

Por la posición que adopta nos demuestra que es un cazador nato. Alargada hacia el frente, frecuentemente más baja que el lomo, dotada con unos ojos que son capaces de ver en condiciones de luz muy pobres, parece adelantarse al resto de su cuerpo cuando detecta a su presa. En sus ojos un potente grande y eficaz iris, que se dilata hasta límites increíbles o se contrae para aumentar la definición de los objetos, deja pocas posibilidades a su presa para esconderse.

La boca, pequeña y aparentemente poco eficaz para hacer presa con ella, es sumamente fuerte gracias a su corta mandíbula, activada por músculos muy poderosos, que se comporta como si tuviéramos una tenaza minúscula entre nuestras manos. Este mecanismo atenazador está afianzado por la estructura del cráneo, con el suficiente espacio para que los músculos de los maxilares se puedan contraer y distender con facilidad, además de poseer otros huesos en el cuello y los arcos óseos que dan un soporte sólido a todo este conjunto. Por si fuera poco, a la hora de morder posee los tradicionales dientes de los carnívoros, con enormes caninos y colmillos, además de molares en forma de hoja de cuchillo, capacitados para desgarrar la carne. Como inconveniente, el gato sabe que no dispone de mucho tiempo para engullir a sus presas y debe triturarlas cuanto antes, pues sus poderosas mandíbulas se cansan pronto.

Cráneo:

Como ya hemos dicho, el cráneo sirve de soporte para efectuar la acción de palanca de la boca, pero al mismo tiempo ejerce como buena caja de resonancia para amplificar ciertas frecuencias agudas procedentes de animales pequeños, sus presas preferidas. Su oído, por otra parte, también vibra especialmente con intensidad con las frecuencias altas, siendo menos eficaz con las bajas que incluso pueden aturdirle.

Aparato digestivo:

Con una longitud algo pequeña, lo que facilita poder absorber rápidamente sus alimentos, le basta ingerir una pequeña porción de comida para sentirse satisfecho.
No obstante, esto que podría considerarse un defecto, pues necesita comer con más frecuencia, no lo es, pues ya sabemos que aprovecha de sus presas todo, hasta los huesos y el pelo. Con el tiempo y si la alimentación es omnívora, sus intestinos se hacen más

largos para poder asimilar el mayor aporte de fibra no digerible.

Esqueleto:

El esqueleto del gato es también otra pieza maestra de precisión y eficacia. Aunque esencialmente parecido al nuestro dispone, como principal diferencia, de una pelvis sumamente pequeña, lo que facilita los rápidos movimientos de sus articulaciones traseras. El poco peso de los huesos de la cadera, proporcionalmente muy inferior a la parte delantera, le permite desplazar la masa corporal hacia delante y con ello el centro de gravedad, lo que le asegura una gran velocidad en la arrancada, superior incluso a la del perro. Por si fuera poco, la habitual mayor largura de sus patas traseras le permiten saltar a grandes alturas y permanecer agachado para pasar desapercibido. Del mismo modo, la adecuada forma de sus escápulas, junto con la gran flexibilidad de su columna vertebral, le facultan para poder entrar por sitios angostos y agacharse sin fatigarse.
Una particularidad es que los gatos carecen de clavícula y en su lugar hay un minúsculo hueso enterrado en los músculos pectorales, cuya misión no está clara, aunque pudiera ser que le sirva de espolón frontal a modo de protección.

Músculos:

Los gatos poseen una musculatura de reacciones rápidas, muy flexible y que le proporciona gran potencia para cortos intervalos de tiempo. Su función en la caza es mirar, observar, esperar y saltar, pudiendo pasar mucho más tiempo en las dos primeras fases que en las siguientes, siendo importante que no gasten demasiada energía en sus ataques, pues no tienen mucha resistencia muscular para esfuerzos prolongados.

Forma:

Al igual que la mayoría de los depredadores, su forma y peso no está muy diferenciada entre las especies, aunque indudablemente se pueden encontrar ligeras diferencias. Existen gatos musculosos con las patas de mediana longitud, los rechonchos de patas cortas y amplio pelaje, y los enjutos, más delgados y de patas largas. Cualquiera de ellos estará comprendido entre una altura media de 30 cm y los 45 de longitud, además de la cola que puede medir normalmente los 30 cm.

En cuanto al peso sí pueden existir grandes diferencias, pues nos podemos encontrar con animales de apenas 2 kilos, como el Gato montés, y otros que alcanzarán sin problemas los 18, como algunos gatos domésticos. Aunque la alimentación tiene un factor importante en el peso, será la raza la que lo determine de manera más definitiva.

Sobre sus cualidades

Afortunadamente para su especie, el interés del ser humano por los gatos nunca ha sido demasiado profundo, puesto que se ha limitado a cuidarles para su compañía y en ocasiones como depredador para las perniciosas ratas caseras. Por eso tampoco existen muchas alteraciones genéticas en ellos, ni razas tan depuradas como ocurre con los perros o los caballos.

El gato es un animal sedentario que solamente se mueve cuando tiene hambre, miedo o instinto de apareamiento. Si su existencia es tranquila permanecerá la mayor parte del tiempo tumbado, aunque casi nunca dormido. Su estado interno de alerta está muy desarrollado y es capaz de oír y presentir el peligro o los movimientos a su alrededor estando sumido en un, aparentemente, plácido sueño.

Un animal sedentario

La fama sobre sus siete vidas, que otros aumentan a nueve, es bastante cierta, pues animales aparentemente muertos en un accidente, convertidos en poco más que una bola de masa ensangrentada, se han recuperado solamente dejándoles permanecer quietos durante un par de días. A los gatos es más fácil curarles dejándoles solos y permitiéndoles que coman sus hierbas, que administrándoles medicinas.

Aunque no suelen realizar apenas ejercicio, no acusan este estado de decrepitud que ocurriría en otras especies y si los comparamos con los grandes felinos veremos que su forma de mantenerse en plenitud de facultades es muy simple. Muchas horas tumbado, algunas durmiendo intensamente, otras en alerta y mirando su entorno y apenas unos minutos para correr en pos de algo, sea presa, comida o juegos. Con este sencillo modo de vida se mantienen sanos y fuertes.

Andares suaves

Si nos fijamos en su manera de andar veremos que apenas si gastan energía, por lo que comprenderemos los razonamientos anteriores. Su andar es lento, pero también suave y parece que apenas tocan el suelo. No golpean al andar y casi podríamos considerar que se deslizan, de ahí su capacidad para hacerlo en absoluto silencio. En su interior, los músculos apenas tienen roce molecular y por ello no hay desgaste calórico ni fibroso y ni siquiera articular. Solamente en el momento del ataque, rápido y preciso, es cuando todo su organismo es espoleado al máximo. Después nuevo descanso, quizá de varias horas.

Un corredor para cortas distancias

Para correr, y una vez que sabemos que su pelvis es muy pequeña en relación con el resto de su sistema óseo, desplazan el centro de gravedad en dirección a la cabeza, mantenida muy baja, tal y como haría un jinete cuando quiere que su caballo corra más. En ese momento las patas delanteras, algo más cortas que las traseras, proporcionan impulsos muy intensos tal y como haría una marcha corta en un coche, mientras que las traseras actúan casi exclusivamente como un soporte para cada nuevo impulso.

La ventaja de estas patas delanteras tan cortas es el gran impulso que proporcionan, pero la desventaja es que no son adecuadas para largas distancias. Por eso, cuando alguien quiere cazar a un gato que huye solamente debe obligarle a correr fuertemente, pues el cansancio le llegará pronto.

No obstante el gato cuenta con otra defensa, pues aunque se agota con prontitud también se recupera con la misma rapidez, por lo que le bastarán unos pocos minutos para estar de nuevo dispuesto a la carrera.

Otra peculiaridad única, que el especialista en salto de altura humano ha asimilado perfectamente, es que las patas las extiende cuando está en el aire y con ello aumenta la amplitud de su zancada, efectuando un impulso complementario muy intenso y que le ahorra, además, mucha energía. Finalmente, y por si fueran pocas estas capacidades, la flexibilidad de su columna vertebral le permite que cuando está corriendo su cuerpo se pueda estirar hacia delante al ritmo de sus patas, con lo cual alarga aún más cada zancada. Podríamos resumir para explicar la forma de correr de los gatos en que más que correr efectúa minúsculos y repetidos saltos, mientras que es el resto de su cuerpo el que le proporciona el empuje hacia delante.

Un buen escalador

Otras de las aptitudes que le hacen únicos en la naturaleza, además de esa posibilidad de caer desde gran altura sin destrozarse con el impacto, es su gran capacidad para trepar, meterse por lugares angostos, saltar, darse la vuelta en el espacio y mantener el equilibrio en condiciones precarias.

Un gato ya sabemos que tiene una gran facilidad para trepar, incluso por paredes lisas, pues primeramente efectúa un salto hacia arriba, al mismo tiempo que saca sus uñas curvadas para clavarlas durante una fracción de segundo. Esto suele hacerlo a gran velocidad pues es consciente que la gravedad le empujará rápidamente hacia abajo. Su peso, proporcionalmente, es demasiado para la fuerza de sustentación que necesitaría para aguantar en el aire. Esta es una cualidad de los humanos, o los monos, muy interesante que no poseen otras especies, pues podemos permanecer colgados y sujetos solamente con una sola mano.

El problema que tienen los gatos es que no pueden bajar con la misma eficacia y eso lo podemos considerar como su punto débil. Las llamadas frecuentes solicitando ayuda para conseguir bajar a un gato de un árbol o un tejado son bien conocidas y se debe, no a su miedo para bajar por sí mismos, sino a la imposibilidad para hacerlo. Sus uñas curvadas hacia dentro son estupendas para ascender pero ineficaces para el descenso, salvo que fueran capaces de hacerlo como el ser humano, hacia atrás. Anatómicamente la naturaleza les ha dotado de su talón de Aquiles en su poca capacidad para bajarse por los árboles y por eso cuando quiere huir siempre prefiere hacerlo saltando a otro lugar igualmente alto, lo que le conduce con frecuencia a una caída mortal al vacío.

Almohadillas en los pies

Pero también tienen otros defectos o características naturales, pues aunque sus pies están perfectamente almohadillados y le permiten deslizarse por el terreno y no ser oídos, no soportan las grandes caminatas, precisamente por su debilidad. La naturaleza las ha hecho para estar en lugares concretos, en su mundo privado, y no les ha dotado de cualidades para la emigración o el nomadismo. Estas almohadillas plantares les ayudan a que conserven durante mucho tiempo en buen estado sus articulaciones, pues absorben los impactos, y les permiten realizar giros y cambios de dirección bruscamente mientras corren, gracias a su adherencia, pero son catastróficas en suelo húmedo.

Al igual que ocurre con un neumático de coche sin dibujo, el drenaje del agua no se puede efectuar y el fenómeno denominado como "aquaplaning" se manifiesta bruscamente con el consiguiente desequilibrio.

La maravillosa cola

Y la otra cualidad que nos asombra a los humanos es la capacidad que tienen para darse la vuelta en el aire, tratando de caer sobre sus patas para amortiguar así el impacto. Para lograr esta eficacia necesitan un sentido del equilibrio interno muy rápido y preciso, pero también algo que desplace el centro de gravedad en el sentido adecuado en ese momento. Aquí es donde radica la utilidad de su cola, aparte de ser también un elemento inútil cuando tiene que huir de sus depredadores.

No hay que olvidar que en la Naturaleza todas las especies sirven de alimento para otras y que si existiera un ejemplar que tuviera todas las cualidades para sobrevivir y ningún defecto, sería la especie dominante; casi, casi como ocurre ahora con los hombres.

El rabo, pues, actúa siempre como un contrapeso desplazable a voluntad y sumamente flexible. Cuando está saltando o efectuando un giro en el aire, y en unión al aparato vesticular y algo menos a sus ojos, su cola se tensa como si fuera una pértiga y luego actúa como una bola de acero al extremo de una cuerda. Este efecto, que también lo emplea para cambiar bruscamente de dirección, le servirá para enderezarse en el aire rápidamente hasta caer sobre sus cuatro patas, simultáneamente, mientras mantiene sus articulaciones totalmente flexionadas. Mayor precisión para absorber un impacto es imposible y por eso un gato siempre saldrá vivo al caer de una gran altura si consigue enderezarse en el aire.

Dientes de gato

A pesar de su pequeño tamaño, en apariencia poco aterrador, mirar a un gato cuando mantiene su boca abierta, enseñándonos los dientes y con el cuerpo erizado dispuesto a saltar, intimida al más fuerte, incluso a los animales más feroces. Un gato puede hacer mucho daño en sus ataques, no tanto por sus desgarradoras uñas, eficaces para arañar pero sin causar heridas profundas, sino por sus dientes, capaces de entrar a través de los músculos sin ningún problema.

Sus dientes caninos son muy largos con relación al resto y en el momento de morder se comportan como clavos y nunca como martillos o tenazas. Entran rápidamente a través de los tejidos y llegan hasta las vitales zonas internas, tan vulnerables que la muerte llega en cuestión de segundos.

Si logran llegar a las vértebras cervicales del cuello las separarán y con ello provocarán la muerte o la parálisis inmediata de su víctima. Para esto no necesitan mucho esfuerzo en su boca, pues sus dientes entran casi sin esfuerzo.

El resto de sus dientes complementan esta primera y decisiva función de los caninos, pues los molares son igualmente cortantes, nunca trituradores de huesos, mientras que los incisivos cumplen funciones más delicadas, como puede ser llevar a sus gatitos en su boca o sujetar objetos sin dañarlos. Los otros dientes, los carniceros o los premolares, sirven para sujetar con energía a sus presas con el fin de que no se puedan escapar.

Otros sentidos no menos importantes

La vista

Aunque esencialmente los ojos del gato no son diferentes al resto de los animales, ni por supuesto a los humanos, tienen unas peculiaridades que merece la pena mencionar. La adaptación a la oscuridad que se realiza mediante los bastoncillos de la retina está muy perfeccionada merced a la gran cantidad de estos elementos que poseen. Es como si dispusiera de más zona para acaparar y captar la luz existente y poder así enviarla al cerebro. Por el contrario y al igual que ocurre con el diafragma de una cámara fotográfica abierto al máximo, la definición o resolución del objeto enfocado disminuye grandemente. Eso nos lleva a la conclusión de que los gatos ven perfectamente los objetos en movimiento en la oscuridad, aunque no pueden precisar de qué se trata. Si es pequeño seguramente no será peligroso y si corre es que se le puede comer; así de sencillo tiene que ser su planteamiento.

Si miramos el ojo de un gato a plena luz del sol veremos esa peculiar pupila con forma de una delgada línea negra, por la cual entra ahora la mínima cantidad de luz. De no contraerse de esa forma la luz ambiental que a nosotros no nos dañaría, le dejaría ciego en pocos minutos. Como compensación y por un efecto opuesto al anterior, en esos momentos la definición que logran del objeto es máxima y pueden detectar una mosca posada en una flor. Como ya sabemos, los pájaros son sus animales preferidos, su bocado predilecto, y son capaces de verlos incluso entremezclados con las numerosas hojas de un frondoso árbol.

Globalmente, los ojos del gato están preparados para abarcar un mayor campo de visión llegando a cubrir más de 280 grados, aunque su visión estereoscópica es de 130 grados, casi igual que en los humanos. Eso le permite diferenciar muy bien la distancia de los objetos y su volumen, aunque para lograrlo necesitan mover bastante la cabeza en el sentido adecuado, al menos bastante más que los humanos.

Respecto a los colores y dado que la naturaleza es en color y que no hay justificación para que un ser como es el gato no pueda ver los diferentes colores, debemos reconocer que los ven con la misma precisión y diferencia que nosotros. La razón por la cual no prestan atención a determinados colores es solamente una cuestión de selectividad, pues están habituados a diferenciar rápidamente aquellas tonalidades que le son útiles, bien sea para comer, atacar o escaparse. Para que se pueda comprender esta selección solamente tenemos que tomar referencia en el mismo ser humano, quienes mostramos una gran inclinación o al menos prestamos más atención a colores como el rojo y el amarillo, siendo indiferentes hacia el gris o el blanco.

Si usted entra en un edificio o mira un paisaje, le llamarán la atención esos colores e incluso dirá que son hermosos, pero unas paredes blancas de una habitación o un día nublado, no son motivo de especial interés para casi nadie.

Los oídos

Aunque la capacidad auditiva del gato es similar a la del hombre no ha conseguido establecer las diferencias de una manera tan precisa como nosotros, ni seleccionar o prestar atención de una manera tan específica. Indudablemente no parecen sentir especial atención por los sonidos sintéticos, ni siquiera por la música, ni tampoco por el lenguaje humano, si es que lo comprenden. O no les interesa en absoluto o no pueden captar como lo hace un perro las distintas modulaciones que efectuamos al hablar.

El gato, como buen carnívoro, es un cazador pero no confía demasiado en su oído y prefiere centrarse más en la vista. La estructura interna es similar a la nuestra y cuenta con un pabellón auditivo comunicado con el oído externo y este con el tímpano, esa membrana vibratoria que mueve tres diminutos huesos. De ahí, el sonido pasa al oído medio y luego a la ventana oval, ya debidamente amplificado y encauzado, hasta llegar a la cóclea en donde serán transformados los sonidos en impulsos eléctricos que serán procesados finalmente por el cerebro.

Las diferencias estriban en la mayor sensibilidad a los sonidos agudos (podemos pensar en las ratas o los pájaros) que son capaces de captarlo y fijar la distancia y procedencia con una gran precisión. Tal es su capacidad para captar las notas altas (silbatos o gritos de los niños), que se estima en al menos dos octavas por encima de las que somos capaces de escuchar nosotros, cifra incluso superior a la de los perros.

El olfato

Todo el mundo sabe que los perros tienen un gran olfato y a nadie se le ocurriría poner a un gato como experto para descubrir alijos de droga entre las maletas. Ciertamente su sentido no está tan desarrollado como en los perros, capaces de descubrir el olor más escondido gracias a sus más de 140 millones de terminaciones nerviosas que poseen en la nariz. El gato posee "solamente" 19 (ya me dirán cómo han conseguido contárselas), mientras que nosotros, pobres, solamente 5 millones. Pero esto no quiere decir que no puedan oler con suma eficacia todo lo que desean, especialmente el olor de las hembras en época de celo. En estos momentos son capaces de captarlas a muchos metros de distancia.

Su selectividad está muy dirigida a la supervivencia y no tiene porqué ser útil para nosotros, sino para ellos. Por ello encontraremos que huelen perfectamente los alimentos, incluso aquellos en mal estado, la carne cruda y los excrementos. También perciben a larga distancia el olor de ciertas plantas que emplean con frecuencia, como la Valeriana o a la Gatuña, quizá porque contienen una esencia denominada como trans-nepelactona, una sustancia similar a la que destilan las hembras cuando están en celo. No obstante, hay que recordar la facilidad con la cual seleccionan en los campos aquellas plantas que luego comerán y que les ayudarán a curarse de sus males cotidianos, siendo difícil que se confundan salvo que los humanos hayamos enmascarado el olor con productos químicos.

Una ventaja que tienen es que las principales terminaciones nerviosas del olfato están situadas casi a la misma entrada de la nariz, justo en un órgano minúsculo llamado Jacobson, el cual trabaja junto al sentido del gusto para seleccionar los olores y encauzar al animal en esa dirección.

También le ayuda mucho las muecas que realiza frecuentemente con la nariz y que efectúa igualmente cuando se siente amenazado, pues ese movimiento le sirve para dirigir los aromas hacia ese órgano descrito anteriormente, lo mismo que cuando insiste en rascarse la nariz con sus patas.

Peculiaridades

Hay numerosas cuestiones sobre las habilidades y gustos de los gatos, la mayoría de las cuales ya han quedado aclaradas anteriormente, aunque todavía nos podemos realizar algunas nuevas preguntas.

Sobre el gusto:

¿Qué les gusta con predilección a los gatos?. Como a la mayoría de los animales domésticos, lo que no les gusta, al menos con pasión, son los alimentos procesados industrialmente. Los comen porque se los damos y tienen hambre, pero si les diésemos a elegir entre, en el caso del gato, un pequeño y apetitoso ratoncito, y el habitual tazón con comida recién comprada en el supermercado, seguro que no dudarían en su elección ni un segundo.

Al gato le gusta especialmente la carne, pues son carnívoros, y ese mito de la leche o el pescado es solamente un mito. Ellos terminan comiendo de todo lo que le ponemos, el hambre no espera, incluso ese apetitoso pastel por el cual parece mostrar tanto entusiasmo, pero cuando quiera darle un buen regalo déjele un momento a solas con el canario.

Tan selectivo está desarrollado su sentido del gusto que pueden efectuar con su lengua labores de limpieza en su piel, incluso en los excrementos, sin problemas ni sentir asco. En el interior de su lengua existen unas papilas muy interesantes cuya función es raspar, lo que explica que puedan lavarse con ellas y estar siempre tan limpios.

Sudor:

Al igual que la mayoría de los animales terrestres, los gatos tienen glándulas productoras de sebo en la piel que le mantienen el pelaje en buenas condiciones y otras denominadas apocrinas que le sirve para exhalar cierto olor para marcar su territorio. Esto último lo efectúan frotando su cuerpo contra el lugar elegido para impregnar la zona y así expulsan un tipo de leche de fuerte olor que es detectado por otros compañeros.
Aunque no transpiran por su piel, lo hacen discretamente por las almohadillas de sus patas, no tanto como sistema para enfriar el cuerpo como para mantener esa zona debidamente hidratada para que cumpla bien sus funciones como sistema amortiguador. En sustitución del sudor, en tiempo cálido expulsan el calor por todo su cuerpo pues el pelaje facilita esa labor, al mismo tiempo que emplean el jadeo para complementarlo.

Otras peculiaridades:

Lo de las siete vidas de un gato no es una leyenda, sino una realidad, pues se debe en parte a una suma de varios factores:

1. Su extraordinario instinto para presentir el peligro.
2. La facilidad con la cual se acerca al ser humano y vive a sus expensas.
3. Los pocos depredadores naturales que tiene en la ciudad.

4. La abundancia de alimentos a su alcance no deseados por el ser humano, como son las ratas.
5. Su facilidad para regenerarse incluso después de una aparente caída mortal.
6. Lo poco que les gusta arriesgarse en empresas que impliquen peligro.
7. La creencia de que matar a un gato trae mala suerte.

Con todo ello, y aunque un gato "siempre cae de pie", su esperanza de vida es de apenas 20 años, lo que equivale a unos 96 con respecto al hombre.

Luego nos quedan otras dos cuestiones polémicas, como son el ronroneo característico y sus curiosos bigotes. El ronroneo puede ser interpretado simplemente como una muestra de su bienestar, pero no tiene explicación que un animal trate de mostrarse así ante los hombres e incluso cuando está solo, y no es homologable con el movimiento del rabo de los perros cuando están contentos. La razón hay que buscarla de una manera más práctica y si tenemos en cuenta que ese sonido es, ante todo, una vibración, lo que nos lleva a una oscilación interna, podríamos considerarlo como un método natural para mantener su sistema respiratorio perfectamente activo. También podría ser el equivalente a los sueños humanos, mecanismo por el cual el cerebro se mantiene activo durante el sueño o descargando parte de sus tensiones.

Y respecto a los largos bigotes habría que observar a otros animales que también los tienen, como es el caso de las morsas, para tratar de encontrar un paralelismo. Si usted ha tocado esos bigotes a un gato se habrá dado cuenta que no le gusta, y esta repulsa podría interpretarse como dolor o del mismo modo que si le tapase los ojos con la mano. De aceptarse esta última opción llegaríamos a la conclusión de que los bigotes son órganos sensitivos que le ayudan a controlar algo, quizá la temperatura exterior o la presión.

Finalmente, no acepte como cierto ese refrán de "se llevan como el perro y el gato". Lo importante cuando existe otro animal en casa, es que cada uno marque su territorio cuanto antes y el otro no lo invada. Los gatos pueden convivir si se les educa con palomas, perros, mapaches, gallinas o conejos, pero siempre que este compadreo comience cuando son recién nacidos.

Algunas preguntas:

- *¿Aprenden a cazar y sobrevivir por instinto?*
- Por instinto saben esconderse del peligro y buscar la comida, pero para saber cazar, pelear o presentir el peligro necesitan aprendizaje e imitar a sus congéneres. Si le aísla desde pequeño y le deja solamente con su compañía será un gato encantador, pero una sombra de lo que podría ser.

- *¿Puedo enseñarle ha realizar cosas como a mi perro?*
- Le puede enseñar cosas, pero nunca aprenderá tantas como un perro. Entre lo que aprenden con

facilidad es a beber agua del grifo, volver a casa, acudir cuando le llamamos por su nombre, llamar la atención para jugar, abrir las puertas y, por supuesto, a esconderse rápidamente cuando tiran algo al suelo.

- *¿Tienen algún instinto especial?*
- Como cualquier depredador perciben a sus presas y presienten el peligro.
- Parece ser que también detectan prematuramente las vibraciones en caso de terremotos o huracanes, y los marinos aseguran que cuando se acerca una tormenta se esconden o están nerviosos. Siempre que a un gato se le eriza su pelo y se arquea el lomo es que el peligro acecha.

- *¿Por qué dejan escapar a sus presas?*
- No crea que lo hacen por lástima, pues en la naturaleza este sentimiento no existe. Cuando sueltan a un pequeño animal casi siempre lo hacen para continuar su entrenamiento y volver a buscarles. Aunque lo consideremos un juego macabro para ellos es simplemente una manera de mantenerse en forma.

- *¿Puedo dejarle que coma los ratones que acaba de cazar?*
- No debería, pues con frecuencia estos animales contienen parásitos, especialmente si viven en las alcantarillas. Tampoco debe ponerse nervioso porque se coma delante de usted a alguno recién

cazado, pues supone un orgullo para ellos, incluso enseñárselos.

- *¿Cómo puedo saber si el gato va a atacar?*
- La mayoría suelen avisar con sus gestos, pero algunos lo hacen imprevisiblemente y con tanta rapidez que no es posible detenerles. La norma de oro es no dejarles nunca solos en presencia de niños pequeños o ancianos, aunque nos parezcan pacíficos. Un gato que está dispuesto a atacar se comporta de manera diferente a cuando está a la defensiva, con su lomo arqueado y la cola erizada. Si el gato ha decidido atacar se mantendrá en posición baja con las patas traseras bien apoyadas para impulsarse con ellas hacia delante. Las orejas tiesas, hacia atrás, los bigotes erizados, las pupilas cerradas para mejorar la definición del agresor y la boca entreabierta mostrando sus dientes amenazadores. Es mejor apartarse de él en este momento.

Recomendaciones básicas para los gatos

- Apenas serán necesarios más de 15 minutos diarios para que cuide de su gato, esencialmente para que limpie su bandeja.
- No crea que dándole los restos de su comida estará mejor alimentado. La comida que venden preparada es barata y adecuada para su nutrición.
- Si tiene el pelo corto cepíllele una vez a la semana, pero si es largo quizá le será necesario hacerlo todos los días.
- No es un animal domesticable, así que posiblemente nunca conseguirá educarle a su gusto. Lo mejor es que usted sepa pronto sus costumbres y se adapte a ellas.
- Los gatos suelen vivir entre 12 y 14 años y cuando tienen un año de edad se les puede considerar ya adultos, mientras que otro de diez años habrá entrado en "la tercera edad".
- Un gato de buen carácter debe ser apacible, paciente y juguetón. Si de pequeño araña o bufa, no lo adquiera porque esa costumbre seguramente no la abandonará nunca.
- Las razas más tranquilas son el gato Persa y el sagrado de Birmania, mientras que el Europeo y el Siamés son más problemáticos.
- Un gato maltratado puede ser especialmente agresivo.

- La época de celo se efectúa dos veces al año, tanto en los machos como en las hembras y suele durar 30 o 40 días seguidos.
- Las hembras en celo están inquietas, maúllan y pierden el apetito.
- Si no encuentra un lugar adecuado para orinar tratará de salir de casa, escaparse. También es frecuente que lo hagan en ventanas y puertas, pues desean marcar su territorio.
- Los gatos machos tienden a vagabundear fuera de la casa y muestran algo de agresividad territorial, por lo que es frecuente que terminen heridos en las peleas.
- Las hembras ejercen una fuerte atracción hacia los machos y son propensas a infecciones uterinas.
- El gato es solitario, no trate de que sea sociable.
- Los que han nacido en la calle suelen desconfiar del ser humano y huyen de él.
- Si quiere que su gato sea cariñoso, sea usted cariñoso con él. Acaríciele con frecuencia y no le pegue.
- Tenga cuidado con su relación con los niños extraños. Puede comportarse de manera agresiva e imprevista.

Las vacunas en los gatos

Existen opiniones que difieren de la opinión médica, y que piensan que la vacunación es un riesgo. ¿Se necesita realmente vacunar a un gato? La respuesta más corta es que sí, pero muchas vacunas, sin embargo, no son necesarias.

La pregunta de si se debe vacunar o no, no sólo ocurre con los gatos, sino con todas las razas de perros. Se considera que la vacunación es una alternativa necesaria para los humanos, para evitar arriesgarse a padecer enfermedades durante nuestra vida en común con los animales. Esta opinión evalúa, pues, las vacunas como un bien exclusivamente para nosotros, sin tener en cuenta el beneficio que puedan suponer para los animales.

Inicialmente el uso de las vacunas fue considerado bajo este punto de vista, pues todo el mundo sabía que los humanos podíamos contagiarnos con muchas de las enfermedades de nuestros animales, especialmente de aquellos que habitualmente están en la calle o el campo.

Los primeros veterinarios que empezaron a recomendar las vacunas sistemáticas en los animales domésticos alegaban, además, que los beneficios de la vacunación pesaban más que los riesgos. Sus advertencias eran acertadas pero en la medida en que las vacunaciones se generalizaron en todo el mundo, los mismos veterinarios comenzaron a ignorar los riesgos de la vacunación y llegaron a convencerse, y a convencernos, que eran totalmente inocuas. Esto no es así y las experiencias nos lo demuestran, y aunque las consideremos como necesarias no podemos ignorar las frecuentes reacciones y efectos secundarios que producen.

Cuando las vacunaciones empezaron a ser usadas indiscriminadamente, los problemas aparecieron. Las vacunas elaboradas con gérmenes vivos modificados causaron con frecuencia enfermedades y aunque su divulgación tardó algunos años en hacerse pública, algunas enfermedades, como la osteodistrofia, han sido consideradas ya como un efecto secundario relacionado con una vacuna. La solución ideal a estos problemas llegó mediante el uso de las vacunas con gérmenes muertos, aunque la pregunta sobre la posibilidad de que también así puedan tener efectos secundarios quedó nuevamente en el aire.

Un problema añadido a esta nueva forma de elaborar vacunas es la mayor dificultad que tiene el cuerpo para elaborar defensas a partir de virus muertos. Es como si no reconociera la presencia del enemigo al no estar activo, lo que parece lógico si lo analizamos desde un punto de vista simplista.

Para conseguir buenos resultados se añadieron compuestos especiales, cuya misión sería la de irritar el sistema inmune y causar una reacción para que se formaran anticuerpos. La mayoría de los profesionales pensaron que, por fin, las vacunas con gérmenes muertos podían ser iguales de eficaces y más inocuas. Desgraciadamente, esto no ha sido verdad como posteriormente se ha demostrado. Hay ya bastantes evidencias entre la vacunación con estos medicamentos y el fibrosarcoma (una forma de cáncer) en los gatos.

Las vacunas realizadas con virus muertos no producen una fuerte respuesta del sistema inmunitario en la mayoría de los casos, incluso aquellas que llevan mezclas, por lo que nunca podremos estar seguros de que el animal esté eficazmente vacunado. El fibrosarcoma es un riesgo serio y ha obligado a los veterinarios a reconsiderar la utilidad y eficacia de algunas vacunas.

Hay otra clase de vacunas que se recomiendan también, elaboradas ahora con tecnología genética. Parece ser que es posible cambiar un virus benigno para que produzca elementos similares a los que generan los virus de la enfermedad y así lograr que el cuerpo los reconozca y pueda reaccionar a ello. Esto proporciona lo mejor de las vacunas tradicionales, pues aportaría un virus real, vivo, y la consecuente estimulación del sistema inmune. El virus en esencia es inocuo, pero produce proteínas que el cuerpo recuerda y le permite identificar la enfermedad que causa el virus. Cuando la enfermedad que causa el virus se desarrolla posteriormente, el cuerpo está listo para defenderse contra ella.

Nuestra experiencia es que cualquier avance o novedad en el mercado farmacéutico obliga a ser prudentes y a no creernos todos los beneficios anunciados hasta que pasen algunos años de uso continuado. Si serán o no estas las vacunas decisivas en los animales, el tiempo lo dirá.

En las circunstancias presentes lo mejor que podemos hacer es evaluar el riesgo de enfermedad que pueda tener cada animal en concreto, en este caso los gatos, y compararlo con los posibles efectos secundarios de la vacunación. En la actualidad se considera que las vacunas con gérmenes muertos no son demasiado eficaces y aún así tienen efectos secundarios, aunque hay algunas, como la de la rabia, que deben ser administradas sin dudar dada la gravedad de la enfermedad que tienen que proteger.

Por ello, parecen ser recomendables actualmente las vacunas vivas modificadas, pues no se conocen aún efectos secundarios importantes y es necesario tener algún medio para proteger a los humanos del contagio de sus animales. Si estos medios pueden hacer daño al animal, parece obvio que aún así consideremos como imprescindible la vacunación, puesto que nuestra salud y nuestra vida deben anteponerse a la del animal. La conclusión es que las vacunas deben usarse cautamente y razonando mucho sobre los riesgos reales de cada animal en concreto. Vacunar indiscriminadamente a un gato que no sale nunca de casa puede parecer un error, aunque la decisión tiene que tomarla el veterinario.

Las diferentes vacunas

- Rabia
- Panleucopenia (Moquillo)
- Rinotraqueítis
- Leucemia felina
- Peritonitis infecciosa felina
- Chlamydiosis
- Fibrosarcoma

ENFERMEDADES

Síntomas

Si tiene animales en casa debe saber cuidarles y una buena manera de saber cuándo están enfermos simplemente consiste en estar atentos a la evolución de su salud. Para facilitarle su labor de diagnóstico estos son algunos síntomas que debe tener en cuenta, bien sea para llevarle al veterinario o tratar de curarle usted si tiene ya alguna experiencia:

- Los síntomas generales, además de los específicos de cada enfermedad, suelen incluir falta de apetito, comportamiento apagado y poca respuesta a los estímulos.
- Los síntomas que indican enfermedad más seria son: vómitos que duran más de un día, diarrea prolongada y acuosa, hemorragias y pupilas dilatadas a la luz natural.
- Cuando la enfermedad es menos grave, quizá pasajera, podrá tener estornudos, lagrimeo, excesiva baba, mucha sed, modificaciones en el apetito, sudores, ojos semicerrados, supuración en los oídos, estreñimiento, cojera y sensación de dolor cuando se le toca.
- La temperatura rectal de un gato normal es de 38,6°, y cuando está próximo a los 40° es el momento de actuar. En cuanto al pulso, es normal

cuando oscila entre los 110 y los 140, dependiendo del clima y la actividad física.

- Los vómitos pueden estar ocasionados por alguna de estas causas: golpes o accidentes, haber comido algún pelo, tener parásitos internos como lombrices, comer demasiado, estar excitado o haber comido entero un pájaro.

- Las diarreas pueden ser variadas y suelen estar motivadas por: intolerancia a la leche de vaca, alguna infección, reacción a las vacunas o enteritis. Si las heces contienen sangre la enfermedad puede ser seria.

- Respecto a la respiración, debe observar los siguientes síntomas: respiración lenta, sin que acuse variación cuando le movemos; respiración lenta pero que mejora si le acariciamos; jadeo intenso cuando hace mucho calor, lo que podría indicar cierta deshidratación; respiración muy rápida y con violencia después de un accidente; respiración rápida y destilación nasal; respiración agitada que se recupera cuando se queda solo.

- Las hemorragias son siempre un mal presagio y exige llevarle al veterinario enseguida. Estos son los casos más graves: sangre por la boca, sangre por el ano, sangre por la vulva o el pene.

- La tos puede estar ocasionada por alguna de las siguientes causas: haber tragado algo que le obstruye la respiración; tener gripe o infección respiratoria; ambiente contaminado por humo de tabaco o chimenea; reacciones alérgicas.

- En cuanto a los problemas pulmonares nos podemos encontrar con: neumonía, como resultado de otra infección gripal anterior; pleuresía, causada por una infección bacteriana en la sangre; bronquitis, originada por agentes irritantes, cuerpos extraños o infecciones; asma, con pitos al respirar y dificultad respiratoria a causa generalmente de una alergia; infecciones víricas, parecida a la gripe humana.

- El mal aliento no debe existir en los gatos y la causa puede estar en una infección bucal, úlceras en las encías y el paladar, trastornos digestivos o carencia de vitamina B.
- El estreñimiento puede estar ocasionado por beber poco agua, una dieta con alimentos muy secos, falta de ejercicio, bolas de pelos ingeridos o bloqueo intestinal severo.
- La sed excesiva puede estar originada por una alimentación demasiado rica en sal, diabetes incipiente, ingestión de ciertos medicamentos, vómitos frecuentes o diarreas, alteraciones renales o hepáticas.
- Los temblores pueden deberse a un shock, haber ingerido un veneno, parásitos o enfermedades con vómitos.
- La cojera súbita indicará un accidente, infección en el hueso, tumor o una herida.
- Si le nota las patas o las pezuñas hinchadas posiblemente se deba a una fractura, artritis o una infección.

Otras enfermedades que pueden afectar a los gatos:

Esta es una lista de las enfermedades más habituales en los gatos y que requieren una visita al veterinario:

1. **Gingivitis:**
    Inflamación y sangrado de las encías a causa de carencias vitamínicas, enfermedades renales o lamer sustancias irritantes o que contengan tintas o metales tóxicos.
2. **Gastritis:**
    Inflamación con irritación de la mucosa del estómago. Suele estar originada por comer sustancias químicas, tener gusanos intestinales o comer alimentos inadecuados.
3. **Bolas en el estómago:**
    Provienen de su propio pelo al asearse con su lengua. Lo habitual es que pasen al intestino y se eliminen o sea regurgitadas al exterior, pero de no ser así requiere tratamiento médico inmediato.
4. **Obesidad:**
    Suele estar ocasionada por darle excesiva comida a un gato casero, especialmente alimentos grasos.
5. **Carencia vitamínica:**
    Las más habituales son la carencia de vitamina B1, B6 y Biotina, así como de A y D. También suelen padecer con frecuencia carencias de minerales como el calcio o yodo.
6. **Colitis:**
    Se refiere a la inflamación del colon o del recto y suele estar ocasionada por infecciones bacterianas

o víricas, ingestión de venenos, tumores o parásitos intestinales.

7. **Irritación anal:**
Es debida a la presencia de partes de las tenias o restos de pelo expulsado. Este pelo debe eliminarse pues atrae moscas que pondrán allí sus huevos y que se manifiesta con retorcimientos del gato intentando escupir en la cola o saltando hacia delante.

8. **Parásitos intestinales:**
Los más frecuentes son los que invaden el tracto intestinal, especialmente los ácaros, tenias o solitarias y los trematodos. Algunos pueden llegar a afectar seriamente a los ojos, los pulmones y el corazón. Las larvas de los gusanos pueden estar presentes en la placenta o la leche de la madre, entrar por vía oral o a través de la piel, o a través de alimentos como los caracoles, peces de agua dulce y, más habitualmente, por comerse moscas.

9. **Hepatopatías:**
El hígado puede verse afectado a causa de ingestión de venenos, parásitos, infecciones como la toxoplasmosis, la peritonitis felina o la malnutrición, entre otras causas. Los síntomas incluyen vómitos, diarrea o estreñimiento, heces blancas, abdomen hinchado y depresión.

10. **Pancreatitis:**
La inflamación del páncreas es súbita y puede provocar la muerte del gato en pocas horas. Los síntomas incluyen vómitos, abdomen tenso, fiebre y estado intenso de shock.

11. Diabetes:
Es una enfermedad habitual en los gatos cuando son viejos o están gordos. Los síntomas normales son aumento del apetito, sed intensa, picores, vómitos y frecuentemente cataratas.

12. Conjuntivitis:
Puede ocasionar dolor, lagrimeo intenso y supuración. Se debe a la presencia de un cuerpo extraño en el ojo, infecciones, corrientes de aire frío, golpes o alergias. Hay que lavar el ojo con infusión templada de Eufrasia.

13. Incontinencia de orina:
Si acaba de llegar a un lugar nuevo posiblemente se deba a que intenta marcar su territorio. De no ser así, habrá que pensar en diabetes, infecciones de vejiga o inflamación de la uretra. No deje de darle agua y hasta que le vea el veterinario manténgale caliente.

14. Parásitos externos:
Los gatos pueden ser portadores de pulgas, piojos, garrapatas y roña, que implica un tratamiento veterinario concreto.

Enfermedades más frecuentes

Vómitos:

Ya hemos dicho que los gatos suelen comer grandes cantidades de alimento que luego vomitan, sin que ello quiera decir que están enfermos. Cuando sospechamos otras causas hay que buscarlas en enfermedades como el moquillo, la gastroenteritis, la hepatitis vírica o la ingestión de tierra o hierbas, entre otras causas.

Lo que no debemos hacer nunca es tratar de contener el vómito empleando medicamentos antiheméticos, puesto que la mayoría de las veces agravaríamos la enfermedad causante. En el supuesto que el vómito sea esporádico, uno o dos al día, no debe alarmarnos, especialmente si ha estado en la calle o en el campo. No obstante, debemos acudir a un veterinario cuando veamos al animal triste, tumbado o con fiebre. Hasta que le llevemos lo importante es no administrar más alimentos, aunque el agua se la podremos dar a pequeños sorbos para que no se deshidrate. Si tampoco la tolera es urgente su ingreso en un centro adecuado.

Diarreas:

Es un trastorno que requiere precauciones similares al vómito, especialmente permitir que se evacuen las deposiciones, no dar alimentos y administrar agua.

Una diarrea puede estar producida simplemente por frío, miedo o enfermedades infecciosas, sean parasitarias o bacterianas. Es muy importante para evaluar la gravedad de la enfermedad observar el estado general del animal, puesto que si está alegre y vivaz en principio no debe preocuparnos. En el caso que las deposiciones sean líquidas, con moco o sangre, el tratamiento médico no admite demora. Mientras tanto, es imperativo hidratarle administrando agua con unas gotas de limón y una pizca de sal.

La dieta a seguir es la siguiente: si se expulsan las heces totalmente líquidas no hay que dar verduras, leche, huevos ni alimentos secos. Si son pastosas es conveniente hacer algo de ayuno y luego dar alguna comida sencilla y fácil de digerir, como el requesón o pescado hervido. Si tienen mucho moco hay que suprimir el arroz y la pasta, y si hay sangre o presencia de parásitos es imprescindible acudir al veterinario.

Venenos que acechan a su gato:

Arsénico: aerosoles para las plantas o veneno para ratas.
Fósforo: veneno para roedores
Plomo: pinturas
Trementina: protectores para la madera
Hidrocarburos clorados: insecticidas
Warfarina: veneno para roedores.

Recomendaciones especiales:

Calicivirus

Este virus también causa una enfermedad respiratoria aguda que con frecuencia se vuelve crónica. Los gatos afectados pueden tener recidivas frecuentes hasta que se convierte en una enfermedad de las vías respiratorias altas crónica. Se contagia por contacto directo y a través de la saliva y lágrimas. Aunque no afecta demasiado a los ojos y la nariz, en ocasiones se declara neumonía.
Se ulcera la mucosa del paladar y la lengua, hay goteo de la saliva e intenso dolor al tragar y masticar. No es contagiosa para los humanos.

Chlamydiosis

Ésta es una enfermedad respiratoria bacteriana frecuente en los gatos. Generalmente se cree que las inyecciones con una combinación de vacunas que incluyen esta bacteria probablemente sean la causa de las reacciones indeseables. Por eso debe investigar la frecuencia de esta enfermedad en su barrio y si es muy baja no está justificada su administración. De todas las maneras, consulte a su veterinario.

Fibrosarcoma

Mientras que para la prevención de la rinotraqueítis y el moquillo se emplean virus vivos modificados, para el fibrosarcoma se emplean vacunas intranasales por su menor incidencia de efectos secundarios, aunque no siempre son fáciles de conseguir.

Leucemia felina

El virus de la leucemia felina requiere un contacto directo con un gato infectado para que se pueda extender. Por esta razón, quizá no sea necesario vacunar a los gatos confinados en casa. Algunos veterinarios, no obstante, recomiendan hacerlo porque el riesgo de que un gato que habitualmente está en casa salga al exterior es alto y con un solo contacto cogerá la enfermedad.

El problema es que tampoco se puede garantizar que las vacunas estén exentas de peligro, ni siquiera ésta, y por eso no podemos recomendarla en los gatos caseros, aunque parece imprescindible para animales que viven en el campo o disponen de un patio exterior para sus juegos.

Panleucopenia

Panleucopenia es el término correcto que se emplea para definir la enfermedad llamada también "moquillo del gato". Sabemos ya que es una enfermedad mortal, aunque afortunadamente no es una enfermedad muy común porque la vacunación masiva ha tenido mucho éxito. Puesto que este virus no siempre requiere contacto directo para la transmisión, está generalmente incluido en la serie de vacunaciones recomendadas para todos los gatos.

Se trata de una gastroenteritis vírica que afecta durante toda la vida del gato, aunque con más facilidad justo al destetarse. El contagio se hace por la ingestión de heces, vómitos u orina contaminada, aunque también es posible por contacto directo con un animal infectado. No es contagiosa para el perro ni para el hombre.

Peritonitis infecciosa felina

Para esta enfermedad existe igualmente una vacuna, pero su baja incidencia tampoco justifica la vacunación generalizada, a no ser que usted tenga en su casa un número grande de gatos. Respecto a la validez de esta vacuna parece ser que es muy eficaz.

Rinotraqueítis

La rinotraqueítis está causada por un virus del herpes. Provoca una enfermedad respiratoria aguda y si no se cura adecuadamente entra en una fase crónica que puede ser causa de irritación persistente del ojo. La córnea queda afectada y se percibe una nebulosidad o infiltración de los vasos sanguíneos en la parte clara del ojo. Debido a la naturaleza potencialmente crónica de esta enfermedad se recomienda también que se vacune normalmente a la mayoría de los gatos. La protección contra esta enfermedad que aparece tras la vacunación es de una duración relativamente corta y las revacunaciones anuales parecen ser una necesidad.

Rabia

En todos los países las vacunaciones contra la rabia son requeridas por ley. La primera vacunación debe efectuarse a los 30 días de vida y repetirse una vez al año. En muchos países las vacunaciones subsecuentes se efectúan durante tres años y en otros obligan a revacunar todos los años. Por ello es imprescindible que verifique con su veterinario los requisitos legales sobre las vacunas y que se informe sobre las leyes en otros lugares a los cuales quiera llevar a su gato.

Vacunando a su animal doméstico contra la rabia puede evitar su muerte por dos razones. La rabia es una amenaza real en muchas áreas y es una enfermedad horrible. Además, un animal doméstico no vacunado que muerda a un ser humano, incluso por accidente, está sujeto a un período de cuarentena e incluso es posible que el juez determine su sacrificio para probar con certeza que estaba infectado.

No arriesgue la vida de su animal doméstico ni la de las personas, y vacune a sus animales contra la rabia. Guarde celosamente el certificado de vacunación para mostrarlo a las autoridades sanitarias si se lo piden.

Conclusiones sobre las vacunas

Ya hemos visto que hay varias vacunaciones disponibles para los gatos y la necesidad para cada una depende del riesgo de exposición al que esté expuesto. Un gato casero, que viva solamente con humanos o con un sólo gato, es bastante improbable que se pueda exponer a enfermedades que se adquieren solamente mediante el contacto con otros gatos. Un gato al aire libre que vaga libremente por el patio, probablemente está teniendo contacto con otros gatos aunque usted no le vea. Este gato necesita ser protegido contra más enfermedades, puesto que el riesgo es muy alto.

Es probable que con el tiempo descubramos que algunas de las vacunas que hemos estado usando en los últimos años no son eficaces, por eso debemos ser prudentes a la hora de administrarlas y hacerlo solamente cuando sean obligatorias por la ley o por el alto riesgo de contagio en un lugar determinado. Las combinaciones de vacunas actuales continuarán siendo una manera viable y razonablemente económica de asegurarnos que los animales domésticos consiguen las vacunaciones que ellos necesitan, pero el futuro cercano nos avisa que la medicina veterinaria está cambiando drásticamente y las recomendaciones tradicionales no sirven ya.
Aun cuando los intervalos de la revacunación se hagan más largos, lo que sí es necesario es seguir llevando al animal doméstico al veterinario, por lo menos una vez al año. Hay muchos problemas en la salud de los animales que deben ser evaluados y corregidos por un profesional.

Otro medicamento útil

Hay un producto que se vende como píldora masticable, que está disponible en dos dosificaciones clasificadas según el tamaño del animal, que se emplea para el tratamiento del Heartworm, un parásito que se aloja en el corazón y la arteria pulmonar, tanto en perros como en gatos. La medicación se administra una vez al mes y puede ser empleada como preventiva o curativa.

También controla las infecciones por Hookworms (Anquilostoma) en los gatos y está indicada en gatos de más de seis semanas de edad y parece segura igualmente durante el embarazo. Tampoco se conocen interacciones con otros medicamentos. Su aplicación debe hacerse en la estación del año en la cual el mosquito es más abundante y continuarse un mes después, aunque hay países en los cuales debe aplicarse todo el año.

Eutanasia:

Normalmente los gatos mueren mientras duermen, de viejos, pero cuando ha ocurrido un accidente o la enfermedad es muy dolorosa e incurable la gente suele adoptar la drástica solución de pedir que le maten. Acuda a un veterinario quien le inyectará una sobredosis de anestésico, lo que le ocasiona una muerte rápida e indolora. Después le aconsejará que efectúe la cremación, aunque también puede enterrarlo en un lugar de su jardín o un cementerio para gatos.

CONSEJOS PARA CUIDAR BIEN A LOS GATOS

Limpieza:

Aunque el gato tiene fama de ser muy limpio, o al menos de limpiarse él mismo con frecuencia, eso se debe esencialmente a su vida más casera, puesto que los gatos que viven en la calle terminan siendo tan sucios como los perros.

Las orejas las podemos limpiar por la cara externa exclusivamente empleando un bastoncillo de algodón impregnado suavemente con aceite de oliva. Hay que evitar profundizar demasiado en el interior de la oreja, así como tratar de resecar la oreja en exceso. La oreja debe tener siempre una ligera capa de grasa o cera que la mantendrá elástica y la protegerá del frío y la humedad. Bastará con una limpieza cada dos meses.

Los ojos es conveniente no manipularlos diariamente y solamente limpiarlos cuando veamos alguna enfermedad en ellos. Si es así, la limpieza será diaria y para ello emplearemos un algodón empapado en infusión de Eufrasia que estará a 36 grados.

Los dientes tampoco requieren una limpieza continuada, especialmente si come alimentos que efectúen una autolimpieza, aunque será conveniente efectuar una limpieza más profunda cada mes. Para ello emplearemos una gasa impregnada con una pasta de dientes especial para gatos. Si no disponemos de ella podemos restregar sus dientes con zumo de limón diluido o infusión de Llantén. También es recomendable utilizar simplemente agua con una pizca de sal.

Sexualidad

Ya hemos dicho anteriormente que las gatas tienen un ciclo sexual dos o tres veces al año, especialmente durante los meses de enero a febrero y junio a agosto, aunque en muchas el celo se puede manifestar en cualquier mes. Dentro de este ciclo hay días de mayor actividad sexual y otros que podríamos considerar de reposo, en los cuales no reclama compañía. Estos periodos abarcan habitualmente entre 4 y 7 días y en ellos la gata come poco, está nerviosa, se revuelca en el suelo, maúlla por las noches y levanta frecuentemente su parte trasera. En el caso de que tenga lugar el apareamiento se tranquiliza.

El gato macho, por el contrario, solamente permanece excitado cuando la hembra le llama, aunque permanece atento durante todos los días del celo. Suele tratar de ausentarse de su vivienda habitual y regresar por las noches, notándose nervioso y maullando junto a las ventanas y las puertas. También trata de atraer a las hembras y para ello orina en lugares estratégicos con un olor característico de esos momentos.

Si hemos decidido permitirles el apareamiento porque queramos descendencia y una vez que hayamos seleccionado la raza, hay que mezclarlos en la vivienda habitual del macho y dejarles tranquilos. El cortejo amoroso comienza por el olfateo a los órganos sexuales de la hembra y el posterior lamido. La penetración se produce pronto en la postura más habitual, permaneciendo el macho sobre la grupa de la hembra todo el tiempo, mientras tanto la muerde el cuello hasta que acaban.

Es importante resaltar que muchos gatos no manifiestan interés alguno por el apareamiento, especialmente si se les ha apartado desde cachorros de otros gatos.

Alimentación e higiene del gato recién nacido

No es conveniente destetar al cachorro antes de los 21 días, y sería mejor no hacerlo hasta los 30, pero para ocasiones en que sea necesario el biberón, el cachorro debe ser alimentado con leche especial para cachorros que puede ser de una marca comercial o preparado en casa a base de leche de vaca, crema de leche, yema de huevo y calcio.

El alimento cárnico se compondrá de carne o pescado, arroz o pasta y verdura y como alimentos complementarios leche, queso blanco etc. En ciertos casos (crecimiento, gestación, lactancia), es necesario completar la dieta con vitaminas y minerales. Esta alimentación se podrá sustituir por alimentos enlatados o secos del tipo apropiado a su edad y estado fisiológico. Su veterinario es quien mejor puede aconsejarle.

No debe comer

Pescado o vísceras sin cocer previamente. Azúcar, chocolate o dulces. Embutidos curados (sí podrá tomar los cocidos; jamón York, pavo, etc.).

Otros tratamientos

Cada 3 meses y durante toda la vida del gato desparasitación interna, preventiva de la hidatidosis y otros parásitos.

Otros consejos

Su gato debe disponer de una bandeja con arena higiénica donde se acostumbrará a hacer sus necesidades.

Es necesario prevenir la formación de bolas de pelo en el intestino, sobre todo en las razas de pelo largo, y para ello se administrará periódicamente un preparado de malta o parafina. La castración es el método más adecuado para evitar los celos de la hembra y la costumbre de orinar en lugares no apropiados del macho.

El uso de collares antiparasitarios e insecticidas apropiados (el gato es muy sensible a ciertos insecticidas), evita graves problemas.

NUTRICIÓN DE LOS GATOS ADULTOS

Necesidades básicas

Anteriormente hemos mencionado como parte esencial que el gato es un carnívoro y requiere una dieta rica en carne. Este hecho, aparentemente obvio, es a menudo pasado por alto por personas que, sin pretenderlo deliberadamente, intentan hacer un omnívoro o un herbívoro de su gato doméstico. Inconscientemente están matando lentamente al animal con todo su amor.

Los perros, aunque son carnívoros en el sentido más estricto, son igualmente omnívoros en gran medida pues tienen la habilidad de poder asimilar las verduras y cereales como si fueran proteínas animales. Un perro puede sobrevivir con bastante éxito comiendo los mismos alimentos que los humanos, mantenerse ingiriendo trozos diversos de la mesa, o incluso con una dieta vegetariana cuidadosamente equilibrada, sobre todo si se emplean suplementos adecuados.

Los gatos, a pesar de los 5000 años de domesticación, permanecen estrictamente carnívoros.

Ellos son incapaces de digerir y metabolizar la mayoría de las proteínas de las verduras. Por eso y aunque para muchos no les parezca práctico, no pueden ser vegetarianos. Además, los gatos en estado salvaje y en igualdad de oportunidades que el resto de los carnívoros devoran todo de su presa: los músculos, órganos, vísceras, los huesos, desperdicios, etc. De esta manera los gatos no ingieren sólo las carnes y órganos de su presa, sino que también lo hacen con las comidas, verduras o legumbres, parcial o totalmente digeridas por las presas que se han comido. Con la ayuda de los propios procesos digestivos de la presa, el gato es entonces capaz de aprovechar alimentos que en sí mismos no serían digeribles para él.

Esto le obligó durante su evolución a comer animales vivos pequeños, como las ratas, puesto que así podría ingerir todos los nutrientes que necesitaba, ya que su organismo no poseía la habilidad de fabricar varias vitaminas, enzimas y otras substancias necesarias para la vida, recibiendo estas substancias directamente de su comida.

Esta "pereza" ha provocado que los requisitos nutritivos del gato sean sumamente diferentes a los del perro y no exista la posibilidad de ponerles el mismo tipo de comida a ambos, siendo la razón principal por la cual un gato casero es considerablemente más caro de alimentar que un perro. Si usted conoce a alguien que presuma de alimentar a su gato con verduras y restos de comida de los humanos, esté seguro que esa persona no entiende nada de gatos y que la salud de ese animal será siempre muy delicada, salvo que tenga la costumbre de escaparse de su hogar en busca de comida más adecuada.

Comida como combustible

La comida es el combustible y por ello su objeto es, ante todo, proporcionar al cuerpo la energía que necesita para seguir funcionando. La mayor porción de esta energía se utiliza para asegurarse que el cuerpo funcione como una máquina, incluso cuando estamos durmiendo. Todos los procesos del cuerpo, movimiento, digestión, respiración, circulación de la sangre, incluso el pensamiento, requieren energía que debe ser proporcionada mediante la comida consumida. Esta energía requiere un aporte moderado de calorías.

Para un científico, una caloría es una unidad de energía termal: específicamente, la cantidad de energía termal necesaria para elevar la temperatura de un centímetro cúbico de agua un grado. Para un dietista, una caloría es una unidad de energía termal procedente de un comestible. Puesto que un litro es equivalente a 1000 centímetros cúbicos, la "caloría" del dietista es la "kilocaloría" del científico (el prefijo "kilo" significa 1000). Las calorías del dietista a veces se llaman "grandes calorías" para diferenciarlas de las "verdaderas calorías" del científico o "calorías pequeñas." Para nosotros serán, simplemente, "calorías."

El intercambio de energía

Se aprovecha la energía de la comida y es usada por el cuerpo mediante una serie de reacciones químicas que requieren la entrada de energía para activarse y poder efectuar su función. Si no hay ninguna entrada de energía, no hay ninguna reacción.

Algunas reacciones químicas producen más energía que la precisa para generar una reacción. Este sobrante de energía es guardado por el cuerpo en forma de sustancias químicas como proteínas, grasas, e hidratos de carbono, y está disponible para un uso futuro.

Otras reacciones químicas producen menos energía de la necesaria para activar y controlar las reacciones y esta deficiencia de energía debe complementarse mediante la energía que el cuerpo mantiene en reserva mediante diversas formas de almacenamiento y que puede liberarse como energía. Los productos desechados de estas transformaciones pasan al torrente sanguíneo y son filtrados al exterior por los riñones.

Otros Nutrientes

Además de la energía básica en forma de calorías la misión de la comida es proporcionar todos los nutrientes esenciales, no solamente la química necesaria para la vida.

La inmensa mayoría de los elementos químicos requeridos para la vida se derivan de las transformaciones y las reestructuras de las moléculas de las proteínas, grasas, e hidratos de carbono procedentes de las comidas consumidas. Este proceso es conocido como síntesis, y se define técnicamente como la forma de transformar los compuestos más complejos de los elementos en otros más simples.

Es importante saber que virtualmente todas las moléculas orgánicas son iguales. Una molécula de glucosa sintetizada por un gato es idéntica a la sintetizada por un manzano y es idéntica a la sintetizada por un laboratorio químico. Todas las moléculas de un tipo dado son idénticas y podríamos asegurar que no hay ninguna diferencia entre la vitamina C "natural" y la vitamina C "sintética". No obstante, este razonamiento no nos debe llevar a la errónea conclusión de que los seres vivos nos podríamos alimentar exclusivamente de productos sintéticos elaborados en un laboratorio, o de que una vitamina o nutriente sintético aporte los mismos beneficios que otro natural.

El cuerpo de los humanos, o el de los gatos, está vivo, es orgánico, y como tal reconoce y aprovecha mejor los compuestos igualmente orgánicos, algo que le está limitado cuando ingiere un producto químico. Por poner un ejemplo, 10 mg de hierro procedentes de una pastilla farmacéutica, aunque básicamente serán idénticos a los 10 mg procedentes de un plato de legumbres cocidas, no son igualmente bien aprovechados por los seres vivos. Este problema ha sido definido como biodisponibilidad de un nutriente y por ello ningún médico razonable recomendaría a nadie que se alimentara preferentemente de productos químicos.

Pero como ocurre con la mayoría de los organismos superiores, el gato ha perdido la habilidad de sintetizar algunos de los elementos químicos que requiere para la vida y obtiene esos elementos de la comida que toma. Obviamente, estos productos químicos deben estar presentes en la comida, o el gato caerá enfermo y su longevidad será muy pequeña.

Proteínas

Una de las fuentes primarias de energía de la comida son las proteínas. Como todos los animales, el cuerpo del gato es principalmente proteína, y debe ingerir las adecuadas cantidades de proteínas en la comida para mantenerse sano. Tradicionalmente, el volumen de energía en la dieta de un gato debe ser al menos de un 25 a un 30 por ciento procedente de las proteínas, casi todas procedentes de proteínas animales. Las fuentes mayores de estas proteínas en las comidas comerciales son de carne, pescados, huevos, y productos lácteos. La proteína de la verdura se obtiene habitualmente de las judías, los guisantes y los cereales.

Las proteínas, que proporcionan los aminoácidos básicos al músculo y los tejidos orgánicos, contienen un alto porcentaje de pérdidas que deben eliminarse del organismo del gato por los riñones. Una dieta elaborada exclusivamente a partir de carne cruda no solamente carecerá de nutrientes importantes, sino que exigirá demasiado a los riñones y puede llevar al sistema urinario a tener problemas o al fracaso renal prematuro.

Grasas

La fuente secundaria de energía de comida son las grasas. Las grasas han recibido muy mala prensa injustificada, principalmente debido a la preocupación equivocada del público por mantenerse delgados y considerar que la delgadez es sinónimo de salud. Al suprimir indiscriminadamente las calorías y las grasas en concreto, sin diferenciar entre unas y otras, le ha llevado a mantener una dieta desequilibrada. Esta preocupación para eliminar cualquier vestigio de grasa, incluso aquellas imprescindibles para la salud y la belleza, han sido vigorosamente perpetuadas por la industria alimentaria y la publicidad. Mientras esta tendencia para eliminar las calorías puede ser desastrosa para los humanos, para los gatos puede ser mortal puesto que ellos dependen exclusivamente del alimento que nosotros le aportamos.

El gato requiere una dieta que contenga mucha grasa, mucho más que en el ser humano o el perro. Del 15 al 40 por ciento del volumen de energía de la dieta de su gato debe provenir de la grasa. Esto es especialmente importante en la vejez pues la cantidad de proteínas debe disminuirse para no sobrecargar los riñones, mientras que se debe aumentar la ración de grasas. De esta manera, el volumen de energía global es adecuado y puede mantenerse mientras se alivia la función de los riñones. La clave en esta edad es la moderación global en la dieta y dejar que sea el animal quien seleccione la cantidad de sus alimentos.

Los cambios súbitos o rápidos en la dieta son especialmente peligrosos para los gatos más viejos, mientras que una dieta exclusiva de alimentos grasos puede ser tan mala como una sin ninguna grasa.

Hidratos de carbono

La tercera fuente de energía de la comida son los hidratos de carbono, principalmente, almidones y azúcares.
Como las grasas, los hidratos de carbono han recibido también una mala prensa injustificada. Ni nosotros ni nuestros gatos pueden vivir sin hidratos de carbono, pues son esenciales para la vida tanto como el agua. No obstante, y a diferencia de los humanos, solamente se requiere una pequeña cantidad de hidratos de carbono en la dieta del gato, con sólo aproximadamente un 5 por ciento de la energía total que se necesita a través de la comida. Los hidratos de carbono simples, los azúcares, se asimilan más fácilmente en el organismo del gato, mientras que los hidratos de carbono complejos, los almidones, pasan casi intactos. Hidratos de carbono complejos para la cocción son las patatas o la pasta, pues mediante este proceso comienza la conversión del almidón en azúcar y ayuda en el proceso de la digestión.

Fibra

La materia que compone las verduras proporciona otra función importante además de energía: el volumen.

Este componente ayuda a realizar las funciones intestinales mediante un ligero efecto abrasivo y la capacidad para absorber agua de sus componentes de celulosa, normalmente denominados como "fibra." Curiosamente, existe una aparente contradicción en los síntomas que ocasiona la falta de fibra: puede ocasionar estreñimiento por una carencia de esa acción abrasiva mencionada anteriormente, o diarrea, al no existir la acción absorbente del agua. Aunque la fibra no es un nutriente en sí mismo, es necesario aportar una cantidad regular y diaria en la alimentación del gato.

Como con tantas otras cosas, los requisitos de fibra y calidades han estado completamente manipulados y desvirtuados por la publicidad de la industria alimentaria. La fibra es casi exclusivamente celulosa, pues es el material básico que compone las paredes celulares (membranas) de las plantas. La celulosa será siempre celulosa, sin tener en cuenta la procedencia, sea de salvado de avena o césped.

En parajes salvajes, un gato consigue toda la celulosa que requiere a partir del estómago y los intestinos de sus presas. El gato mimado, también debe recibir la celulosa que necesita a través de su dieta normal.

Como otro dato interesante, muchos de los gatos salvajes más pequeños subsisten principalmente comiéndose insectos o insectívoros (lagartos, etc.). Inicialmente podríamos pensar que esos gatos no podrán tener suficiente cantidad de celulosa e hidratos de carbono en su dieta. Este no es el caso, puesto que los insectos y otros artrópodos son criaturas con un esqueleto externo a base de quitina (el material córneo de los artrópodos), un compuesto de polisacáridos que es similar en todo a una molécula de celulosa, además de poseer varios azúcares simples, proporcionando fibra e hidratos de carbono simultáneamente.

Vitaminas

Las vitaminas y los compuestos relacionados son moléculas orgánicas complejas usadas como catalizadores o agentes en varios procesos metabólicos. En estado salvaje, el gato encuentra todas las vitaminas que requiere de su presa y de la luz del sol, pero en el gato doméstico esto es más complejo y quizá sea necesario acudir a su veterinario para que le prescriba unas vitaminas como complemento a la dieta.

Debe tener en cuenta una advertencia: si la dieta es adecuadamente equilibrada y el gato es joven y saludable, los suplementos de vitaminas son innecesarios. Dando vitaminas complementarias a un gato saludable se puede llegar a una situación de toxicidad que puede ser muy peligrosa e incluso mortal.

Del mismo modo, una deficiencia de vitaminas también puede ser muy seria. La mejor la solución es una dieta bien equilibrada, sin los suplementos, a menos que sea prescritos por un veterinario.

Cada vitamina juega su papel en la salud del gato:

La Vitamina A es esencial para una buena visión, crecimiento apropiado, y una piel saludable.

La Vitamina B1 se necesita para el crecimiento y la función del cuerpo en conjunto.

La Vitamina C es importante para una piel saludable, para las encías, pero no se requiere en la dieta del gato porque la puede sintetizar.

También se requieren cantidades muy pequeñas de vitamina D para regular el uso del calcio y fósforo, necesario para tener huesos y dientes buenos.

La Vitamina E es necesaria para un esqueleto saludable y para el sistema reproductor.

La Vitamina K es requerida para el proceso de coagulación sanguíneo, pero al igual que dijimos de la vitamina C, se sintetiza en su organismo.

La Vitamina B12 no es necesaria para el gato, excepto en cantidades muy pequeñas.

Minerales

Además de las proteínas, grasas, hidratos de carbono, fibra, y vitaminas, todas moléculas orgánicas complejas, se requieren también ciertas cantidades pequeñas de diversas substancias inorgánicas para la vida. La vida está compuesta normalmente de seis elementos: el carbono, hidrógeno, oxígeno, nitrógeno, azufre, y fósforo; los mismos elementos que contiene el ADN. Aunque estos elementos son esenciales para la vida, apenas si se encuentran en un uno por ciento en todo tejido viviente, pero aún así, esta cantidad es crucial.

Otros elementos igualmente importantes son el sodio, yodo, magnesio, potasio, manganeso, y muchos otros de los cuales se requieren cantidades variantes. Todas estas substancias inorgánicas se denominan bajo el término general de "minerales".

Como las vitaminas, los minerales son necesarios para las funciones globales del cuerpo, aunque hay tres especialmente decisivos: hierro, calcio y fósforo. El Hierro es crucial para la función de la sangre, pues contribuye a la formación de la hemoglobina que lleva el oxígeno de los pulmones a lo largo del cuerpo. El Calcio y el Fósforo son requeridos por los huesos y dientes que juntos contienen más del 99% del total de estos minerales, aunque también son esenciales para las adecuadas funciones de los músculos.

Otros Nutrientes

También existen otros nutrientes que aunque no están incluidos en el grupo de los macroelementos, como es el caso de las proteínas, grasas, hidratos de carbono, vitaminas, y minerales, son igualmente esenciales para la vida. Uno de estos nutrientes es el ácido linoleico, un ácido graso a mitad de camino entre las grasas y los hidratos de carbono y cuya composición química se hace necesario para mantener la piel saludable y las paredes de venas y arterias, entre otras funciones.

Necesidades de nutrientes especiales

Es importante recordar que el gato no es un perro, o un humano, ni cualquier otra criatura viviente. Los gatos son únicos y tienen únicas necesidades.

Así como un gato pequeño necesita algunos de los nutrientes requeridos por nosotros, como la vitamina B12, tiene una necesidad definida para otros que nosotros no requerimos, así como difieren las proporciones de esos nutrientes que tenemos en común.

El Inositol, una de las vitaminas del complejo B, por ejemplo, es definitivamente requerido por el gato en la dieta, pero es sintetizado por perros y humanos.

De una manera similar, el compuesto Taurina se requiere para una buena visión en ciertos animales nocturnos, como los gatos, pues parece ser que actúa como si fuera una amplificador de luz, mejorando grandemente la visión nocturna y haciendo que los ojos se comporten como un catadióptrico.

El metabolismo de un gato es totalmente diferente al de los perros y humanos en su habilidad para eliminar compuestos químicos del sistema. Esta diferencia metabólica es la causa por la cual los gatos pueden ser envenenados fácilmente por cosas que a un perro o un humano no le harían daño.

La aspirina, por ejemplo, se metaboliza en un ser humano en aproximadamente cuatro a seis horas, pero requiere 38 horas en un gato. Esta diferencia hace al gato demasiado susceptible a la toxicidad del salicitato.

También, una superabundancia de ciertos nutrientes o substancias, o una deficiencia de ellos, puede a menudo conducirle a padecer numerosos problemas.

Agua

Las personas no piensan a menudo en el agua como una parte de la dieta, pero sin ella no hay ninguna vida pues el 70% del cuerpo de un gato es agua.

Un gato requiere aproximadamente una onza (287 dl) fluida de agua por cada libra (453 gr) de peso de su cuerpo por día. En estado salvaje, la mayoría de este agua procede de sus presas, y en casa esta cantidad puede cubrirse con la alimentación tradicional, pero con comidas semi-húmedas o secas no es posible. Por ello, el agua fresca siempre debe estar disponible para su gato, sin tener en cuenta su dieta.

Importante: no sustituya el agua por leche u otros líquidos. Para un gato, la leche es una comida, no una bebida. La única bebida del gato es el agua.

Tenga mucho cuidado en no dejar beber a su gato de un canal, un estanque, incluso del retrete, pues esto le llevará con frecuencia a caer enfermo. Hay una causa simple para esta tendencia de los gatos a beber de cualquier lugar: el plato del agua habitual suele proporcionar un mal sabor al agua, y ya sabemos que los gatos tienen buena memoria. Si nosotros pensáramos como lo hacen los gatos, encontraríamos que las algas, el barro, los trozos de peces, y hasta los excrementos, tienen siempre el mismo olor, desagradable para nosotros pero natural para ellos.

Pero el cloro no forma parte habitual del agua de río y debemos admitir que cambia mucho el sabor y el olor del agua del grifo. Nosotros estamos habituados a ello porque nuestros instintos no están tan desarrollados y nos habituamos hasta a los venenos, como lo prueba el hecho de que fumemos y bebamos hasta con placer. Este sabor a cloro solamente queda disimulado en el agua embotellada y seguramente su gato apreciará también ese agua.

Para eliminar el sabor a cloro puede probar a hervir el agua de su animal doméstico, puesto que el cloro es un elemento muy volátil. Esto ocasiona un problema nuevo, ya que con el hervido se evaporan también otros electrolitos esenciales y parte del oxígeno. De insistir en este proceso hay que batir intensamente el agua antes de ofrecérsela al gato para oxigenarla.

Otra alternativa para eliminar el cloro es dejar el agua del grifo unas horas en el recipiente del agua, evitando su contaminación, puesto que así parte del cloro se habrá ya volatilizado. Otras personas lo simplifican añadiendo un poco de refresco carbonatado, como gaseosa o Seven Up, con lo cual el sabor a cloro queda enmascarado. Si lo hace, no se extrañe que ese día su gato se arrulle un poco más intensamente en su regazo.

La Dieta Natural

Hay siempre una gran controversia acerca de lo que se establece como una dieta ideal. Apartando tales controversias, por lo menos de momento, podemos asegurar que una dieta ideal sería aquella que se encuentra cerca de los criterios que rigen la evolución del gato, en otras palabras, una dieta salvaje: un ratón entero, un gorrión, los grillos, los lagartos, etc. Por ello es improbable que ninguno de los alimentos comercializados para los gatos le pueda proporcionar tantas ventajas como engullir un animal entero.

La dieta del gatito

La dieta natural para un gatito es la leche de su madre. La leche de gata es sumamente diferente que la de la mayoría de los otros mamíferos, sobre todo las vacas, por lo que es difícil encontrar un sustituto adecuado en el mercado.

Requisitos especiales

Algunos gatos requieren un régimen dietético especial. Es obvio que los gatitos, las hembras embarazadas y los gatos convalecientes, necesitarán un tipo de alimentación diferente.
Si su gato está o ha estado enfermo, usted debe seguir las pautas dietéticas prescritas por su veterinario y solamente reiniciar la alimentación normal cuando se cure de su enfermedad.

Hay una tendencia fuerte ahora para que las personas sigan criterios totalmente dispares en cuestión de alimentación, incluso en boca de los médicos y especialistas. Hay quien condena el consumo de sal y azúcar, mientras otros los consideran esenciales en la alimentación, y quien aún piensa que la carne es un buen alimento, e incluso imprescindible, para el consumo humano, mientras que otros lo recomiendan exclusivamente para los carnívoros y los gatos. En lo referente a nuestros gatos hay una regla muy simple: a menos que el consejo provenga de un veterinario muy experto o de quien domine perfectamente la nutrición de los felinos, nuestra recomendación es que escuche el consejo, agradézcalo, pero no lo siga.

Recuerde que algunos componentes de comida son sabrosos, pero no necesariamente adecuados. Cuando tenga la más mínima duda involucrada con la nueva dieta del gato, pregúntele a su veterinario.

La dieta normal de cualquier mamífero cambia con la edad. Obviamente, la lactancia del gatito requiere leche, pero aunque parezca algo poco usual la del gato anciano no. El mito de los gatos y la leche está tan infundado como lo está cuando se refiere a los humanos. La leche es para los bebés y los cachorros, nada más, y la naturaleza es tan sabia que le retira a la madre la lactancia cuando su bebé ya no tiene que seguir tomando leche. No obstante, las necesidades de calcio de los animales sigue presente pero esto se puede aportar mediante una alimentación completa y el gato, ya lo hemos dicho, en estado salvaje consigue todo el calcio que necesita comiéndose a sus presas enteras.

Igualmente desacertada es la teoría de que con la edad hay que disminuir las necesidades de calorías y que, en su lugar, hay que aumentar la de proteínas. No todas las calorías son iguales y lo importante es su procedencia, no la caloría en sí. Si la alimentación de su gato está orientada a cubrir sus necesidades como animal felino y trata de imitar lo que comen los gatos salvajes o callejeros, conseguirá que esté perfectamente alimentado.

Requisitos diarios

Mientras la mayoría de los humanos obesos se pasan la vida contando sus calorías, no debemos caer en este error con los gatos, ni mucho menos hacerle pasar hambre creyendo que detrás de ello está la salud. Un gato delgado por genética es correcto, pero si lo es por hacerle pasar hambre es un enfermo. Un gato adulto saludable requiere aproximadamente 40 calorías por cada libra (453 gr) de peso y día y de estas 40 calorías, aproximadamente 12-16 deben provenir de las proteínas, 20-25 de grasa, y 3- 4 de los hidratos de carbono.

Esta es una tabla orientativa:

Proteínas: 3600 mg (14 calorías)
Grasas: 2500 mg (23 calorías)
Hidrato de carbono: 840 mg (3.3 calorías)
Ácido linoleico: 250 mg

Vitamina A: 250 I.U.
Vitamina D: 13 I.U.
Vitamina E: 10 I.U.

Colina: 25 mg
Niacina (B3): 560 mcg
Ácido de Pantoténico: 130 mcg
Riboflavina (B2): 63 mcg
Piridoxina (B6): 50 mcg
Ácido fólico (B9): 13 mcg
Tiamina (B1) 7.8 mcg
Biotina: 0.63 mcg
Vitamina B12: 0.25 mcg
Vitamina C: sólo remotamente
Vitamina K: sólo remotamente

Calcio 125 mg
Fósforo: 100 mg
Potasio: 38 mg
Cloruro de sodio: 25 mg
Magnesio: 2.5 mg
Planche 1.3 mg
Cinc: 380 ug
Manganeso: 130 ug
Cobre: 63 ug
Cobalto: 25 ug
Yodo: 13 ug
Selenio: 1.3 ug

Hay, por supuesto, muchos otros componentes sutiles y necesarios de comida que no es razonable que usted se los ponga en su mesa.

Comidas comerciales

La inmensa mayoría de nosotros estamos alimentando a los gatos con comidas comerciales. Estas comidas suelen ser de cuatro tipos específicos: comidas secas, comidas semisecas, comidas en conserva equilibradas, y especialidades "gastronómicas" en conserva. Para especificar una regla simple, a dedo, el volumen nutritivo de 3 onzas (287 dg o una taza rasa) de comida seca es igual que 4 onzas de comida semiseca, e igual que el de 7.5 onzas de comida en conserva.

Las especialidades o las comidas gastronómicas raramente son una dieta equilibrada para ellos, y no deben proporcionarse de manera exclusiva creyendo que estará mejor alimentado. Precio y alimentación correcta no siempre van unidos. Para una comida equilibrada mezcle los alimentos, siendo admisible que usted quiera premiarle u obsequiarle de vez en cuando con un plato sabroso, aunque no sea muy nutritivo. Eso es razonable.

Las comidas científicamente equilibradas (no se fíe demasiado de quienes emplean la palabra "científica" como si se tratase de un dogma) disponibles en el mercado especializado de animales, e incluso en las consultas de los veterinarios, normalmente contienen suplementos y aditivos para garantizar un equilibrio nutritivo.

La mayoría de estas comidas se clasifican más allá de las necesidades de los cachorros, y suelen existir variedades dependiendo de la edad del gato, con lo cual pretenden proporcionar una mezcla correcta de proteínas, grasas, e hidratos de carbono apropiada para cada gato específico. Las dietas especializadas (pérdida de peso, bajas en sodio, etc.), también están disponibles en estos mismos lugares y a través de su veterinario para los gatos con problemas.

Las comidas para gatos de los supermercados humanos varían poco en elementos nutritivos, incluso entre las diferentes marcas. Asumiendo que esas comidas están completas en cuanto a nutrientes y el gato es un adulto saludable, joven o no demasiado viejo, cualquiera de estas comidas le bastará.
Debe ser más cauto con los aditivos no-nutritivos y empleados para dar color y sabor a los alimentos. La mayoría de las comidas secas, por ejemplo, usan harina de maíz como un elemento para dar volumen, mientras que las comidas en conserva usan a menudo gelatina. Puede que estas substancias no hagan daño a la salud de sus gatos, pero usted está pagando por ellas, a veces creyendo que está proporcionándole lo mejor. Como con todo lo demás, lea esas etiquetas.

Varias marcas populares de comida para gatos añaden una excesiva cantidad y variedad de colorante que, según dicen, refuerzan la apariencia y la aceptación de la comida. Las marcas más populares suelen insistir en el tinte rojo y naranja que parece ser muy bien aceptado por los gatos. Lo importante es que el colorante esté aprobado por la FDA para asegurarnos que no dañará la salud. Mi opinión es que el color de la comida no ofrece ningún interés especial al gato, mientras que son muy importantes la textura, forma, sabor, y el olor. Sospecho que se incorporan en las comidas solamente para agradar al dueño del gato, puesto que es quien lo compra y paga, tratando de que la alimentación del gato se parezca lo más posible a la humana. Un alimento debe nutrir y no hacer daño, nada más; lo del color lo dejamos para los cuadros, los vestidos o las paredes del dormitorio.

Un concepto erróneo común sobre las comidas de los gatos es que los alimentos secos incorporan sus proteínas de los cereales y de algunas verduras, mientras que las comidas en conserva llevan proteínas de la carne y otras fuentes animales. En realidad, todas las comidas de los gatos comerciales llevan proteínas animales, puesto que las verduras son muy pobres en proteínas. Tampoco debemos fiarnos de esas frases que nos aseguran que van enriquecidas con verduras, puesto que apenas si se incorporan como relleno.

No se olvide que anteriormente le hemos dicho que el gato salvaje consume las verduras y las proteínas procedentes del estómago y las vísceras de su presa, y que puede utilizar estas proteínas con la ayuda de los propios procesos digestivos de su presa. Estos procesos tratan de reproducirse en parte durante la fabricación de la comida comercial para gatos que permite así la digestión de algunas proteínas procedentes de las verduras.

Desgraciadamente, una comprensión de la estructura molecular de las proteínas y el propio proceso digestivo, exige incorporar el concepto de "parcialmente digerida" cuando se habla de la proteína de la verdura incorporada a las comidas del gato, algo que no es posible cuando las verduras se cocinan en casa. La conclusión es que, aunque para los humanos sea muy recomendable esta opción, ningún gato debe ser vegetariano.

Comidas secas

Las comidas secas son algo más caras que otras opciones y tienen la ventaja añadida de una acción abrasiva que ayuda a proteger los dientes y encías, limpiándolos y manteniéndolos saludables, minimizando el aumento del sarro dental. Suelen emplear proteínas de la carne, pescado, pollería, y/o productos lácteos mezclados en una base de cereales, normalmente harina de maíz.

Un equilibrio cuidadoso de sus componentes y la incorporación de vitaminas y suplementos de minerales, ha logrado que la comida seca moderna sea considerada como una buena dieta y bien equilibrada.

Estas comidas contienen aproximadamente un 10% agua (aunque nos hablen de comida seca), y por ello se pueden almacenar sin problemas durante largo tiempo. Esto significa que la comida puede prepararse en cualquier momento y el gato puede realizar muchas pequeñas comidas en lugar de una o dos comidas grandes. Esto mejora el tono y la digestión.

Una desventaja teórica para este tipo de alimento es que existe una predisposición entre los gatos masculinos para desarrollar el Síndrome Urológico Felino (FUS). Esta es una predisposición que no está confirmada hasta el momento (tampoco ha sido refutada) y los veterinarios se encuentran divididos en sus opiniones. Si semejante predisposición existe, probablemente sería debido al bajo volumen de agua de las comidas secas. Proporcionando una fuente de líquido adecuada junto con la comida, esencialmente de agua fresca, el problema no tiene que aparecer.

Las comidas secas, no obstante, tienden a perder sus cualidades nutritivas lentamente con el tiempo, sobre todo si la exponemos al aire o al calor. Evite usar cualquier comida seca después de seis meses de haberla adquirido. Si la comida seca debe guardarse para periodos largos (como cuando se viaja en barco), guarde la comida alejada del aire y en recipientes opacos.

Comidas semi-secas

Las comidas semi-secas tienen más atractivo que las comidas secas, aunque también cuestan más. Están pensadas para que el gato se crea que son carne, incluso en la textura y el sabor, y suelen ser buenas imitaciones en este sentido.

Algunos consejos más sobre los alimentos:

1. Durante los primeros días posteriores al destete es conveniente dar 3 ó 4 comidas diarias. Si se realizan dos comidas al día o incluso una sola, hay una mayor sobrecarga gástrica y con ella un

aumento en los problemas digestivos. Por ello no existe una frecuencia máxima para alimentar a los cachorros, mientras que la mínima debe ser de dos diarias, para que cada una de ellas no sea demasiado abundante. Cuando cumpla los tres meses se pueden realizar dos o tres comidas importantes, llegando a dos en los de mayor peso.

2. Es frecuente que los animales prefieran nutrirse a voluntad, pero si les dejamos comer libremente pueden provocarse numerosas indigestiones que no nos deben preocupar, ya que no revisten demasiada importancia. De todos modos, en los gatos adultos se recomienda no dar más de tres comidas al día.

3. Los gatos comen más carne incluso que los perros, aunque debemos administrársela hervida o al vapor, lo mismo que el pescado que nunca debe estar crudo.

4. La leche la digieren bastante bien, lo mismo que el arroz y los huevos.

5. La comida debe administrarse a temperatura ambiente, incluso en verano. La comida fría la toleran muy mal e incluso pueden vomitarla.

6. Frecuentemente hay que darles alimentos duros porque así se evita la acumulación de sarro en los dientes.

LA CASA DEL GATO

Si quiere tener a un gato en su casa sepa que debe proporcionarle el lugar y las condiciones adecuadas para que pueda dormir y descansar allí. He aquí algunas recomendaciones básicas para que todo esté a gusto del nuevo rey de la casa.

- Lo más importante es la cama, aunque a usted le parezca más decisiva la cubeta para los excrementos. El gato es un animal limpio por naturaleza, así que aunque usted no lo sea él procurará mantenerse limpio.

- Evite que se acostumbre desde los primeros días a dormir con usted o los niños en su cama, pues le será luego muy difícil echarle de allí. Además, aunque parezca muy emotivo, ni el gato ni los humanos lograrán dormir adecuadamente juntos. No obstante y ya que hemos insistido en que es un animal muy limpio, si lo prefiere le puede dejar que duerma siempre en el mismo sillón.

- Si quiere tener lo mejor de lo mejor, en el comercio encontrará camas adecuadas, unas con almohadones grandes rellenos de bolitas de poliestireno expandido que le aislarán del frío y el calor, o los clásicos cestitos de mimbre que tan entrañables parecen. Lo importante, sea cual sea la cama elegida, es que pueda lavarse con frecuencia, y esta recomendación sirve también cuando el lugar elegido es el sofá.

- La cama debe ser lo suficientemente alta como para resguardarle de posibles corrientes de aire y disponer de una superficie mullida porque allí pasará muchas horas al día, además de tener una discreta puerta. Si no dispone de un presupuesto adecuado pruebe a meterle simplemente dentro de una gran caja de cartón, en cuyo fondo habrá puesto papeles de periódico minúsculos y una tela suave encima, nunca sintética.

- Este colchón, por rústico que nos parezca, es casi perfecto para las necesidades del gato y las suyas, pues cuando lo vea sucio le bastará con tirarlo a la papelera.

- Si el gato es pequeño ponga algún juguete, como una pelota

- La cama debe estar situada en un lugar caliente, alejada de las frías paredes orientadas al norte, mientras que en los calurosos meses de verano lo ideal es que la sitúe en el balcón o cerca de una ventana abierta. Tenga en cuenta que los gatos no acumulan mucho calor en su cuerpo y esto les hace más sensibles al frío que al calor, por lo que en invierno elegirán siempre estar cerca de las estufas.

- Cuando son pequeños y no conocen la casa no querrán quedarse a dormir en la cama que tan amorosamente le ha preparado, pues tienen miedo, y maullarán tristemente para que usted les admita en su cama. Tal es su habilidad para pedirlo que hay que ser muy insensible para no acceder. Allá usted, porque pronto lo tendrá como compañero inseparable a su lado y si duerme en pareja ya sabe eso de que "tres son multitud".

- Cuando consiga ¡por fin! que acepte su propia cama y lugar, no se olvide de dejarle cerca la cubeta de los excrementos y algo de agua.

Algunas preguntas que usted desearía hacer cuanto antes:

- *¿Puedo dejar que mi gato salga de casa solo?*
- A quien tiene que tener miedo es al resto de los humanos, no a los demás gatos. Si no hay peligro, ni perros sueltos, puede dejarle libre pero siempre con su collar identificativo, pero nunca de noche.

- *¿Cuáles son los puntos y lugares más peligrosos dentro de un hogar?*
- Al principio cualquier lugar es peligroso y debe mantenerle bajo vigilancia severa, simplemente procurando que esté siempre con algún humano. Ya sabe que la cocina es el lugar más peligroso, así que aunque le expulse severamente de allí cada vez que intente entrar le estará haciendo un favor. Otros lugares igualmente peligrosos son la lavadora cuando está abierta (no es el primer gato a quien se le ha centrifugado accidentalmente), cualquier objeto decorativo inestable que se le pueda caer encima y las plantas que pueda morder.

- *¿Cómo debo castigar a mi gato cuando araña los muebles?*
- Lo mismo que su felino marca su territorio y gusta de tenerlo en propiedad, usted debe explicarle adecuadamente cuáles son sus lugares prohibidos. Un gatito arañará y estropeará las cosas por curiosidad o por juego, pero basta con un enérgico ¡no!, junto con un discreto golpe en la grupa para que no le apetezca intentarlo de nuevo. No le acaricie después si tiene remordimientos, pues entonces lo interpretará como un juego y reincidirá pronto.

- *¿Cómo puedo evitar que arañe los muebles?*
- El gato necesita arreglar sus uñas casi a diario y para ello le gusta especialmente la piel y el terciopelo, así como la madera blanda. Cuando le vea haciendo esto sepárele con brusquedad,

regáñele y ofrézcale como alternativa un trozo de madera cubierta de tela de saco o de moqueta.

- *¿Le puedo enseñar trucos y gracias como se hace con los perros?*
- Todo es posible y tenemos noticias de cosas increíbles, pero domesticar a un gato es tan difícil como hacerlo con un tigre.
- En los circos veremos a perros haciendo movimientos extraordinarios, pero casi nunca a los gatos, lo que ya deja bien claro lo difícil que es educarles a nuestro gusto. Un gato nunca tratará de hacer algo por usted, y ni siquiera se sentará a su lado cuando esté enfermo, por lo que debe considerarle algo egoísta en este sentido. Si hace alguna gracia, alguna "monería", sepa que será por un fin práctico, pero posiblemente no la vuelva a repetir nunca más.

- *¿Qué me puede pasar si mi gato causa un estropicio en la casa del vecino?*
- Usted es responsable de cualquier daño que sus animales causen a sus vecinos, por lo que deberá tenerlos bien vigilados y no dejarles que se marchen con rumbos desconocidos. Solamente estará a salvo de pagar indemnizaciones en el supuesto que su gato haya salido a perseguir un ratón o decida excavar en el huerto del vecino. No obstante, esto siempre implica el riesgo de que le hagan daño y usted, como no tiene testigos, no pueda probarlo. No se olvide que para los demás,

incluso para los jueces, la vida de su gato no tiene tanto valor como para usted.

- *¿Puedo denunciar a una persona que ha atropellado a mi gato y lo ha matado?*
- Esencialmente no, puesto que se supone que es usted quien debe cuidarle. No obstante, maltratar a un animal deliberadamente o no prestarle auxilio en caso de accidente, sí puede ser denunciable. No es la vida del animal lo que el juez cuestionará, sino la crueldad hacia él.

- *¿Y si me roban mi gato?*
- Desgraciadamente a los gatos se les roba para comérselos, para experimentar, para torturarles o, menos frecuentemente, para quedarse con ellos y cuidarles. Como cualquier otro bien que usted tenga en su casa los animales domésticos son de su propiedad, así que si puede probar que ese animal es suyo el ladrón será acusado de un delito penal. Hay países en los cuales el robo de animales está muy castigado, pero tiene que demostrar que ha sido un robo y que no se extravió y alguien se quedó con él.

- *¿Es saludable para ambos coger a los gatos en los brazos?*
- Si usted pretende tener un gato muy afable, capaz de simpatizar con todo el mundo, posiblemente le sea necesario acostumbrarlo al contacto humano.

- *¿Se debe coger a los gatos pequeños por el cuello, tal y como hace la gata?*
- Su madre sabe perfectamente cómo y dónde hacerlo, por lo que aunque usted vea a gente coger a los gatitos así no lo haga. El mejor método consiste en agarrarles por debajo de las patas delanteras con una mano, mientras con la otra le sujetamos sus cuartos traseros. Una vez que le tenga en su regazo no se olvide de mantener siempre una mano en su parte trasera que le sirva de soporte, salvo que usted esté ya sentado. Si el gato se encuentra inseguro saltará bruscamente al suelo y le puede arañar. No olvide que su gato no es un bebé y no pretenda tenerle como si así fuera. Tampoco deje que un niño coja a un gato que no esté habituado al contacto humano, ni siquiera si son pequeños.

- *¿Puedo llevar a mi gato a pasear con correa, como si fuera un perro?*
- Poder, puede hacerlo, pero sepa que eso va en contra de su naturaleza. Los gatos son animales independientes y solitarios, y no aceptan ir sujetos pues se encuentran inseguros. Si quiere intentarlo hágalo cuando son pequeños y solamente en casa.

- *¿Cuál es el mejor ejercicio para un gato?*
- Una simple caja de cartón, en cuyo interior haya depositado una pelota, suele entretenerles durante mucho tiempo. Tratar de entrar y salir de la caja es ya un juego apasionante para ellos, lo mismo que jugar a la pelota como si se tratase de un ratoncito.

Si la pelota bota mucho será el mejor de los ejercicios, pues dará saltos en el aire tratando de atraparla, aunque debe evitar que lo haga en una habitación con objetos decorativos que pueda romper. Si dispone de un jardín déjele trepar a un pequeño arbusto al cual pueda encaramarse sin problemas y que para bajar le baste con saltar al suelo. La madera, además, le servirá para ejercitar sus uñas y pulirlas.

- *¿Puedo dejar a mi gato solo en casa?*
- Puede hacerlo durante un tiempo no superior a 24 horas. Póngale suficiente agua y comida, así como la cubeta de excrementos bien limpia.

OTROS CUIDADOS ESENCIALES

Las plantas en el hogar

Usted no debería tener cualquier tipo de planta en su hogar si decide tener gatos. Unas porque constituirán un aperitivo para él y otras porque le pueden hacer daño a su salud si las come. Pero si ya se encuentra con una decoración interior realizada con esmero durante años y no quiere prescindir de ella, puede probar con un aerosol que contiene un perfume repelente para los gatos, aunque para los humanos sea imperceptible.

Otra solución es ponerle en un cajón o maceta aquellas plantas que los gatos gustan de mordisquear, con lo cual, al tener su propia despensa, no sentirán interés por las demás. Entre las plantas que más les gustan se encuentran la Nébeda o menta de los gatos, la salvia, el tomillo y el perejil, todas ellas fáciles de plantar y de cuidar.

Entre las plantas decorativas especialmente peligrosas están la hiedra, la adelfa, el philodendro, el caladium y el rododendro.

Más consejos sobre la comida

Ponga su cacharro de la comida en un lugar apartado, en un rincón discretamente oscuro, y no lo cambie de sitio. Déjele comer siempre con tranquilidad y no le moleste. Existen comederos especiales que mantienen una buena higiene, que se limpian con facilidad y que no se pueden volcar aunque el gato los mueva. No se olvide que los líquidos deben tener su recipiente particular, evitando poner la leche en el mismo recipiente del agua.

Respecto al número de tomas recuerde que deben ser muy frecuentes cuando son cachorros y así se consideran hasta que tienen 8 meses. Posteriormente le bastará con un máximo de tres comidas pequeñas al día, aunque los gatos grandes y fuertes le sorprenderán porque llegan a comer hasta 6 veces diarias, casi tanto como las hembras embarazadas.

Los gatos también pierden el apetito con frecuencia y no solamente cuando están llenos. Si la comida es monótona, como ocurre con aquella que viene ya procesada, se aburrirán de ella pronto. Si usted considera que todo está correcto y pasa un día entero sin comer quizá sea el momento de llevarle al veterinario.

Entre las precauciones elementales con respecto a la comida tenemos:

1. Póngale siempre el pescado fresco, nunca cocido o frito.
2. No le ponga nunca huesos de ave que se puedan astillar, pues se podría ahogar con ellos.
3. No le ofrezca comida preparada para perros, salvo que contenga gran cantidad de carne.
4. Nunca más de dos huevos a la semana y siempre cocidos, nunca crudos.
5. Nunca le ofrezca alimentos en mal estado. Le sentarán tan mal como a usted.

Sobre su limpieza

Ya sabemos que los gatos son muy limpios y que dedican varias horas al día a realizar su higiene corporal y la de sus gatitos. No obstante, esa limpieza no basta y debería ayudarle algo, pues suelen acumular con frecuencia en su pelo parásitos como las pulgas que luego se propagarán por toda la casa. Tampoco debe olvidar que hay personas que son alérgicas a la piel de los gatos, no al gato en su conjunto como dicen, y la causa con frecuencia no está en la piel sino en las sustancias adheridas a ella, como polvo, polen o proteínas extrañas.

Estos son algunos consejos para que le ayude a mantenerse limpio:

- Los ojos son un órgano siempre delicado para cuidar y limpiar, aunque el propio gato intenta mantenerlos libre de legañas diariamente mediante el frotamiento con sus patas. Al menos dos veces por semana coja un algodón humedecido en infusión de Eufrasia a 36° y límpielos suavemente desde el lagrimal hacia afuera. Si no dispone de esta planta emplee simplemente agua hervida y parcialmente enfriada a la que deberá añadir una pizca de sal.
- Las orejas no requieren grandes cuidados y no se preocupe porque tengan cera en su interior. Esta grasa les sirve como lubricante imprescindible para la salud de los oídos y si se la quita las infecciones llegarán pronto y causarán serios

problemas. La cera, además, actúa como filtro reteniendo todas las partículas que llegan del exterior, siendo expulsados posteriormente durante el sueño por el simple roce con su cama. Si necesita limpiar sus orejas hágalo simplemente empleando un algodón empapado en aceite de oliva templado.

- Las uñas debe dejar que sea el propio gato quien se encargue de limarlas y limpiarlas, salvo que sea ya demasiado viejo para ello y deba entonces ayudarle. Cójale entonces en su regazo y presione con su dedo pulgar en las zarpas para que saque las uñas al exterior. Nunca las corte con profundidad, especialmente la zona rosada, pues le haría un daño intenso. Limítese a cortar superficialmente las puntas blancas.

- Respecto al baño ya sabemos que hay controversias pues la creencia popular es que los gatos no necesitan bañarse y hasta que es peligroso para ellos. Bueno esto es cierto, pero solamente cuando quien le baña es un inexperto. Si su gato es casero y no sale a la calle posiblemente no necesite bañarle casi nunca y se asombrará porque ni siquiera despide olor. No obstante hay circunstancias que obligan a bañar a un gato, bien sea porque decida sacarlo a visitar algún pariente, porque existan niños pequeños que jugarán con él o porque se haya ensuciado tirándose encima un plato de comida.

La primera vez el gato se opondrá enérgicamente a bañarse, pues ya sabemos que su instinto les dice que allí hay peligro. Bueno, cójale con suavidad pero con firmeza y depositele en el barreño o fregadero de la cocina. La temperatura del agua debe estar en los 38º y lo mejor es emplear algún tipo de ducha no muy intensa. No le moje la cara y pásele una esponja impregnada en gel para gatos o niños pequeños y después aclare para no dejar restos.

Séquele inmediatamente con una toalla preferentemente caliente y límpiele la cara suavemente con un trapo humedecido. Si puede emplee un secador para secarle el pelo y si ello no es posible porque se niegue, procure mantenerle en un lugar cálido hasta que se seque completamente. Después es el momento de cepillarle.

En el comercio existen algunos champús secos que le facilitan la labor de limpieza y para emplearlo deberá seguir fielmente las instrucciones de uso, aunque nunca le quedará tan limpio como con la ducha. En el supuesto de que su gato tenga el pelo largo y se le enrede con facilidad, no trate de cepillarle bruscamente pues le podrá arrancar incluso la piel.

GENÉTICA FELINA

Células, Cromosomas, y Genes

Cualquier comparación del gato con otro animal doméstico, en cuanto a genética se refiere, está condenada al fracaso, especialmente si los comparamos con los perros. Un gato siempre se parece a otro gato, lo mismo que un caballo a otro, y eso se lo debemos a su composición genética.

Para entender lo que pasa genéticamente cuando dos gatos se acoplan, es necesario entender unas cosas básicas sobre la genética en general. Pero estudiar genética, es estudiar la evolución en miniatura. Anteriormente hemos visto la gran evolución que tuvo el gato, y cómo este mecanismo nos llevó hasta el gato montés africano, el precursor inmediato de nuestros gatos. Nosotros examinaremos este mecanismo para demostrar cómo el primer gato doméstico permitió el desarrollo de las docenas de castas disponibles hoy, y cómo los criadores de gatos acostumbran a emplear este mecanismo para crear nuevas castas o mejorar las existentes.

Los gatos, como las personas, son criaturas multicelulares: es decir, sus cuerpos están compuestos de muchas células. La primera diferencia de las criaturas multicelulares, es que el cuerpo del gato no es una colonia de células, sino sociedades de células, con cada tipo de célula se hace una tarea específica. Cada tipo específico de células, como las células germinativas (óvulos en las hembras y espermatozoides en los varones), aportan el código genético a la próxima generación. Este es el método que el Gran Ingeniero, Dios o Naturaleza, ha desarrollado para llevar a cabo de una manera imponente, elegante, y hermosa el proceso de la evolución y reproducción.

Las células de un gato, con pocas excepciones especiales, son eucarióticas, esto es, que el núcleo celular se encuentra perfectamente separado del citoplasma por una membrana y que se divide por mitosis y meiosis. La membrana que los rodea actúa como una clase de piel y en el núcleo está contenido todo el material genético. Dentro del núcleo de una célula se encuentran los cromosomas, unos largos e irregulares hilos de material genético. Estos cromosomas se colocan por pares: 19 pares en un gato, 23 pares en un humano. Son estos 38 cromosomas los que constituyen el cariotipo para cada gato en particular.

Época de celo

Una gata puede quedarse embarazada cuando llega a los 7 ó 12 meses y los gatos son fértiles a los 10 ó 14 meses. Para lograr que se apareen normalmente se les pone juntos y se les deja solos, aunque al principio se les puede poner una red para que se comiencen a conocer, pues con este cortejo evitaremos no pocos enfrentamientos entre ellos.
Una vez que se les nota tranquilos se les deja juntos durante al menos dos días, tiempo durante el cual habrán copulado varias veces.

Si deseamos que dé a luz gatos de una raza determinada no debemos permitir que posteriormente la gata se apareen con otros gatos diferentes, pues con probabilidad se generarán nuevos embriones y la camada sería mixta. En el supuesto de que no se haya quedado preñada es posible que la gata vuelva a reclamar un apareamiento.

Lo que debemos tener claro son las diferencias con la fertilidad de los humanos, ya que las gatas solamente producen un óvulo maduro durante el apareamiento, puesto que es en ese momento en el cual su hipófisis provoca la liberación de las hormonas adecuadas.

Las gatas suelen ser muy ruidosas cuando quieren aparearse y lo manifiestan primeramente con inquietud y ansiedad y luego con llamadas intensas, aunque ello no quiere decir que acepte la cópula y es frecuente que rechace al macho escupiéndole y arañándole. Afortunadamente ellos parecen estar habituados a este tipo de cambios y se vuelven pacientes mientras lo intentan de nuevo. Si todo va bien la hembra comenzará a ronronear y a efectuar movimientos y rodamientos alrededor del macho, quien se dará ya por aludido y se montará encima de ella, mientras la sujeta con sus dientes por el pescuezo. La introducción del pene va seguida casi inmediatamente por la eyaculación, que es recibida por la gata con un pequeño grito, no sabemos si de satisfacción o susto.

Esta fase puede ser solamente el comienzo del juego amoroso, pues la gata se revuelca por el suelo, frotándose y estirándose, hasta que se calma y vuelve a pedir al gato que repita su ataque.

Embarazo

En el caso de que queramos interrumpir el embarazo hay que efectuarlo siete días después del apareamiento, aunque también se puede intentar como menos éxito cuando ha transcurrido un mes.

Si el embarazo sigue su curso durará entre 58 y 65 días, pudiéndose confirmar a los 28 días mediante palpación abdominal y con mucha más precisión por ecografía. Las mamas aumentan de volumen, lo mismo que el abdomen, y en la medida en que se acerca el día del parto la gata buscará un lugar adecuado y lo preparará rascándolo o buscando algún lugar tranquilo y cómodo.

Ya tenemos a la dama embarazada y en ese momento deja de estar en celo, empezando una gestación que durará nueve semanas. Los primeros signos que se notan son los pezones enrojecidos (a la tercera semana), el aumento del peso, cambios en su comportamiento y, por supuesto, la hinchazón de su abdomen, el cual le recomendamos severamente no palpar si no quiere matar a los gatitos.

Durante su embarazo usted deberá darle una alimentación adecuada y en la cual exista más cantidad de vitaminas y minerales, al mismo tiempo que debe evitar el estreñimiento que seguramente padecerá. Ya hemos dicho que el parto tendrá lugar aproximadamente a los 65 días, aunque es normal que se adelante o se atrase, teniendo en cuenta que si nacen antes de finalizar los 58 días de gestación seguramente saldrán muertos, lo mismo que cuando salen después de los 71 días.

El parto

Si no quiere o no puede acudir a un veterinario para que la asista en el momento del parto sepa que estos animales son bastante hábiles y pueden resolver sus problemas en solitario. La habitación debe estar a unos 22° y será conveniente que coloque una bolsa de agua caliente o una almohadilla en la caja.

 La mayoría de los gatitos nacen sacando primero la cola, aunque también puede ocurrir que muestren sus cuartos traseros, lo que indicaría que sus patas apuntan hacia la cabeza de la madre. No se preocupe, pues todo sigue siendo normal. Las complicaciones pueden ocurrir cuando el gatito se ha quedado atascado en el canal del parto o cuando lo hace después de haber salido parcialmente de la vulva y la madre no puede seguir expulsándolo. En ese momento tendrá que ayudarla lubricando esa zona con parafina líquida o jabón disuelto en agua caliente, mientras usted tira con suavidad y lentitud del gatito. Si lo hace colaborando con los movimientos de la madre y girando lentamente al pequeño, todo saldrá bien.

Una vez que ya hayan salido los gatitos, la madre les cortará con sus dientes el cordón umbilical a unos 3 cm de su ombligo, al mismo tiempo que puede intentar comerse la placenta. Si es posible evítelo sacándola usted mismo antes pues le puede ocasionar trastornos gástricos, aunque nada serios. Si la madre está muy débil o no intenta cortar el cordón umbilical deberá hacerlo usted y si las membranas cubren alguno de los gatitos rásguelas y luego séquelos con una toalla caliente, limpiando también los orificios nasales.

En el supuesto de que alguno de los pequeños esté muy débil puede intentar reanimarle metiéndole en agua a 38° (sin sumergir la cabeza, por supuesto) y acariciándole el cuerpo durante al menos tres minutos. Si tiene que cortar el cordón umbilical no lo haga hasta que el gatito respire y gima, haciendo esta operación con material bien esterilizado. Este cordón se ata a 3 cm del ombligo y luego se corta a 0,5 cm después del nudo hacia el lado de la placenta. Mantenga a todos los gatitos bien calientes, incluso empleando alguna estufa.

Una vez todo finalizado, dejaremos tranquilos a la madre con sus cachorros durante dos semanas, aunque podemos ayudar a mantener la cesta bien limpia. Si tenemos que moverles lo haremos lentamente y con cariño, puesto que lo perciben instantáneamente. Cuando haya pasado ya casi un mes del nacimiento, podemos empezar a alimentar a los cachorros mediante algo de pasta muy cocida. El destete total suele ocurrir entre el día 40 y 50, sin que debamos forzar el cese o la continuidad. Si tenemos que alimentar con leche y biberón debemos emplear una específica para animales recién nacidos. Se la daremos seis veces al día a temperatura ambiente.

Recuerde:

Después del parto la madre deberá descansar pues estará muy débil, pero no se extrañe porque al día siguiente ya esté dispuesta a criar a sus pequeños y a comer con normalidad. Otras gatas, sin embargo, permiten a sus gatitos mamar una vez finalizado el parto, pero debe evitar que los pequeños salgan a la calle hasta que no estén destetados.

GATOS ALREDEDOR DEL MUNDO

¿Cómo llama usted a su amigo felino? Aquí están algunos términos para los gatos en diversas partes del mundo.

CAT.................................... INGLÉS
GATO................ESPAÑOL/PORTUGUÉS
LE CHAT................................. FRANCÉS
GATTO.................................... ITALIANO
KOTUK .... UCRANIANO
NEKO.................................... JAPONÉS
POPOKI................................. HAWAIANO
KISSA.................................... FINLANDÉS
POES..................................... HOLANDÉS
PUSA..................................... FILIPINO
KOSHKA .... RUSO
CHA´TOOL(A) .... HEBREO

KATZE	ALEMÁN
CATTUS	LATIN
KATT	SUECO
KOT	POLINESIO
KUT	EGIPCIO
KATSI	DIALECTO AFRICANO
KEDI	TURCO
GATZ	ARMENIO
MAO	CHINO
BISS	ARÁBIGO
KOTKA	BÚLGARO
KAT	HOLANDÉS/DANÉS
KUCING	MALAYO/INDONESIO
MEO	THAI/VIETNAMITA
BILLY	HINDÚ
QATTUS	MALTÉS
GAT	CATALÁN
PISICA	RUMANO
KATINAS	LITUANO
MACKA	ESLOVACO
CICA/MACSKA	HÚNGARO
PAKA	SWAHILI
MACË	ALBANO
HIRRAH/QITAH	ÁRABE
KATI	ZULÚ
WESA	CHEROKEE
GNARI	NUEVA GUINEA
BILADI	INDIA
KO-YANG-I	COREANO
KATO	ESPERANTO

DIFERENTES RAZAS DE GATOS

GATOS DE PELO LARGO

PERSAS

Historia:

A la mayoría de los gatos de pelo largo se les denomina popularmente **Persas**. Existen diferentes teorías sobre el origen de ellos, puesto que algunos los consideran descendientes del gato montés europeo de pelo semilargo, mientras que otros piensan que estos gatos generaron su pelo largo para protegerse del frío en el extremado clima de Rusia.

Aunque comenzaron a llegar a Europa durante el siglo XVI, las mejores razas de Persas europeos existentes hoy en día descienden de los primeros gatos llevados a Gran Bretaña procedentes de Persia y Turquía a finales del siglo XIX. Alcanzaron una gran popularidad en la época victoriana en Gran Bretaña, aunque desde entonces su aspecto ha cambiado notablemente dada la cría selectiva que se ha llevado a cabo. Los actuales poseen una cabeza más plana y unas orejas más pequeñas que los primeros.

La reproducción selectiva ha marcado unas características para que todas las variedades se acerquen a este estándar básico. Se les conoce como los gatos de pelaje doble, ya que tienen una capa interna larga muy suave y unos pelos protectores algo más ásperos y mucho más largos.

Características:

Todos poseen cara redonda, nariz corta, ojos grandes y circulares, en una cabeza redondeada; un cuerpo robusto también redondeado, y unas patas cortas y gruesas.

Entre los Persas podemos encontrar una amplia gama de colores, que va desde el más puro blanco al azabache negro, pasando por los bicolores y los tipped, (pelo con puntas de un color diferente). Su espectacular pelo largo requiere un cuidado regular para evitar que se enrede, y a estos cuidados se les debe acostumbrar desde pequeñitos, haciéndolo incluso por la parte de abajo.

En general los Persas son animales de compañía, muy cariñosos, amables, tranquilos y silenciosos; los recién nacidos suelen ser juguetones y traviesos, pero no dan problemas en su lactancia ni en el destete.

BLANCO OJOS DISPARES

Historia:
Este grato procedente de Gran Bretaña es el resultado de cruzar gatos de **Angora** con gatos **Persas**. Sus primeros orígenes datan desde el año 1880, aunque no fue reconocida como raza hasta 1950 en los EE.UU. Suelen ser los descendientes de gatos con ojos azules, o de otros ya cruzados.

Características:
De largo pelo totalmente blanco, tiene unas orejas bastante separadas y con pelos, siendo su nariz corta y ancha. De cabeza redonda y ancha, con mejillas llenas, tienen un cuerpo sólido y rechoncho, cola corta y empenachada, así como patas gruesas y cortas que terminan en zarpas grandes y redondeadas. Hay que destacar sus ojos, siendo cada uno de un color diferente, de los cuales uno puede ser anaranjado o cobre y el otro azul. En algunos casos se descubre sordera, dándose en el oído que coincide con el ojo azul. Su carácter es dócil, pausado y afectuoso.

ROJO

Historia:

Este exótico gato de pelo rojo tienen su origen en Gran Bretaña, desde el año 1880. Es el resultado de haber cruzado Angora con Persa. Antes de ser denominados **Rojos**, se les llamó **Naranjas**, y en algunos es fácil encontrar marcas más oscuras heredadas de los Tabbys rojos con los que fueron cruzados en el pasado. La falta de hembras rojas ha hecho que en la actualidad los machos haya que aparearlos con hembras Carey. Los ejemplares puros de esta raza poseen un color rojo perfecto, sin marcas atigradas, aunque esta perfección no se encuentra con facilidad y las manchas son frecuentes, especialmente en la cabeza, manchas que se suelen ocultar al peinarlo.

Existe una variedad denominada como **Persa cara de Pekinés**, que posee una cara aplastada parecida a la del perro de igual nombre y una hendidura entre los ojos cobrizos. Este extraño ejemplar es muy apreciado, aunque no está reconocida como raza y suele presentar problemas de salud, alimentación y crianza.

Características:

Con un pelo largo, denso, sedoso y fino, posee unos ojos redondos, grandes, de un color naranja o cobre, sobre un cráneo amplio. Tiene un cuerpo regordete con gorguera completa, y unas zarpas grandes y redondas. Posee la cabeza ancha y redondeada, con las mejillas llenas y nariz corta, mientras que el cuerpo es sólido y rechoncho, con la cola corta, patas gruesas y zarpas grandes. Su carácter es dócil, tranquilo y afectuoso.

CREMA

Historia:
Originarios de Gran Bretaña desde el año 1880, tienen en su linaje **Angoras** y **Persas**. Este color crema surge del cruce de **Tabbys rojos** con **Azules**, dándose la característica de que los descendientes son en su mayoría machos. Aunque bello por naturaleza no fue tomado en serio al principio y se le vendía como una mutación sin interés, llegando poco a poco a ganar prestigio hasta ser considerado hoy de tanto interés como el Azul. Puede ser normal que a causa de su linaje aparezcan en una camada gatitos de diferentes colores, llegando a formarse un interesante Azul-crema.

Características:
Con un pelo largo, tupido, sedoso y fino, posee ojos de color naranja o cobre, sobre una frente redondeada. La cabeza ancha y redonda, con mejillas anchas y nariz corta, mientras que sus orejas son pequeñas y de punta redondeada. El pecho es ancho y bajo, y el color de su pelo ha de tener una intensidad uniforme. Las marcas **Tabbys** de los recién nacidos tienen que desaparecer cuando crecen, para ser clasificados como crema. Su temperamento es dócil, tranquilo y afectuoso.

AZUL

Historia:
Sus primeros orígenes datan desde el año 1880, y fue el gato predilecto de la reina Victoria de Inglaterra. Surgió del cruce de **Persas** blancos y negros, originándose en Rusia y Persia. En la actualidad también se encuentran en Irán. Es el gato más popular de la modalidad Persa y si se le cruza con el crema produce gatitos azul-crema. Sumamente popular en cualquier exposición, la descendencia puede nacer con marcas atigradas que suelen desaparecer con el paso de los meses.

Características:
De pelo largo, denso, sedoso y fino, no necesita tener un matiz exacto en su azul pero, sin embargo, cualquier muestra de pelos blancos se considera como un defecto. Posee orejas muy separadas, pequeñas y bajas, con ojos grandes de color cobre o anaranjado. Sus hombros son anchos, las patas gruesas y cortas, con zarpas grandes y empenachadas y la cola corta y tupida. De cabeza redondeada y ancha, mejillas llenas y nariz corta, tiene un cuerpo de complexión sólida pero rechoncha. Su temperamento es dócil, afectuoso, sociable y tranquilo.

AZUL CREMA

Historia:
Aunque sus primeros orígenes datan de 1880, no fue reconocido como raza hasta 1929. Dependiendo de la zona de origen encontraremos una mezcla uniforme de colores, si procede de Gran Bretaña, o manchas en azul y crema si procede de Norteamérica.

Los gatos nacidos con estas características suelen ser en su mayoría hembras, dándose la peculiaridad que los escasos machos que nacen suelen ser estériles, por lo que su continuidad como raza es problemática. Antes de ser denominados **Azul Crema** se les llamó **Carey Azul**.

Aunque no se conocen variedades para esta raza, en algunos países se establecen diferentes estándares en cuanto a pelaje, prefiriéndose con zonas de color claramente separadas en algunas exposiciones, mientras que en otras eligen como mejor opción los colores mezclados.

Características:
De un color azul pálido y crema entremezclados, su pelo es largo, tupido, sedoso y fino, con los ojos grandes de un color cobre o anaranjado intenso, sobre una cabeza ancha y redonda. El cuerpo es muy sólido y rechoncho, con la cola corta y empenachada, mientras que sus patas son gruesas y cortas, terminando en zarpas grandes y redondeadas. Los hombros macizos y con el pecho ancho y bajo. Posee un temperamento dócil, tranquilo y afectuoso.

PERSA SMOKE TORTIE

Historia:
También conocido como **Persa humo**, es el resultado del cruce entre los Persas chinchilla negros y azules, siendo registrado por primera vez en 1870 en las exposiciones británicas. En la variedad **Persa humo tipped negro,** la abundante y pálida gorguera contrasta con las puntas de color negro azabache.

Características:
La distribución en el color es tan larga y oscura que su piel parece unicolor. De aspecto sedoso, grueso y denso, el color blanco de fondo está surcado de tonalidades azules, aunque la gorguera debería ser abundante y blanca. La cabeza es redonda, ancha, con las mejillas llenas y la nariz corta. Con orejas pequeñas de punta redondeada, ojos grandes y redondos de color ámbar, posee también un cuerpo sólido, rechoncho, con cola corta y empenachada, así como patas gruesas y cortas.
Tiene un carácter tranquilo, amante del hogar, y acepta con facilidad otros gatos en la misma casa.

CHINCHILLA

Historia:
Aunque en el pasado no estaba clara la diferencia entre el **Shaded plata** y el **Chinchilla**, ya que la camada puede nacer con pelos oscuros que más tarde

se hacen pálidos convirtiéndose en **Chinchillas**, recientemente se ha establecido como dos razas diferentes.

Procedente de Gran Bretaña desde 1880, se cree que fueron los **Tabby** plata los que contribuyeron al desarrollo de esta raza.

Características:
Este exótico gato de carácter dócil tiene un largo pelo, grueso, denso y sedoso de color blanco brillante. Entre su pelaje podemos encontrar pelos tipped (pelos que tienen el extremo de color) perfectamente distribuidos, con el pecho y mentón de un blanco puro, Cuando las puntas se extienden un poco más en cada pelo producen un efecto gris plata sobre un pelaje corto blanco. También en las patas pueden tener algún pelo tipped. Las puntas son más notables en la cara, las orejas y el lomo.

Posee una constitución fuerte y ancha, con las patas gruesas y cortas, y la cola corta y espesa. Su carácter es apacible y afectuoso, requiriendo un arreglo diario para mantener en buen estado su espléndido pelaje.

DORADO

Historia:
Corresponde a una nueva generación de gatos **Persas** desarrollado a partir del **Chinchilla**. Aunque todavía no ha sido reconocido por las distintas organizaciones como raza sí se permite su presentación en las exposiciones.

Características:
De pelo largo, denso, sedoso y fino, tiene un color dorado que en ocasiones puede variar hasta llegar al color melocotón, con puntas marrones o negras en determinadas zonas como son la cabeza, el dorso y la cola. Con frecuencia se encuentran ejemplares con marcas **Tabby** en los cachorros. Sus orejas puntiagudas tienen penachos de color albaricoque pálido, los ojos verdes azulados, una pronunciada gorguera en el pecho, mientras que las patas son cortas y gruesas.

VAN BICOLOR

Historia:
Cada vez aumentan más estas variantes donde predomina el color blanco con marcas de otro color en su pelaje. En el año 1986 fue cuando se reconoció esta raza a la que en un principio se le denominó **Arlequín**.
Está considerada como una subvariedad, en la que pueden aparecer los colores azul y blanco, rojo y blanco, crema y blanco, y negro y blanco. La variedad de rayas simétricas era el estándar anterior, pero ahora se acepta cualquiera que tenga manchas uniformes.

Características:
Para ser bien clasificado ha de abundar el color blanco en su pelaje, y sólo se le permiten tres manchas de color en todo el cuerpo, dándose estas manchas en la

cabeza, las orejas y la cola. La distribución del color en su pelaje es totalmente diferente al **Persa bicolor**. Se trata de un animal hermoso y contrastado, con colores uniformes en el hocico, el pecho, las patas y con los pies de color blanco.

Su constitución es fuerte, resistente, ancha, de patas cortas pero gruesas, y cola espesa.

BICOLOR (ROJO Y BLANCO)

Historia:

De cualquier raza de color puede surgir un bicolor en el que se combina el blanco con manchas de otro color, (en este caso rojas). Cuando fue clasificado como raza se determinó que debería predominar el color, el cual debía estar libre de cualquier matiz, quedando blancas las zonas inferiores. El color de los ojos ha de combinar con el color del pelo. Han sido clasificados en la categoría de "cualquier tipo de color", y aunque antes se les exigían ciertas manchas ahora se acepta cualquier distribución uniforme.

Características:

Tiene un pelaje sedoso, grueso y denso con manchas homogéneas de rojo sobre blanco. Las orejas son pequeñas con puntas redondeadas y empenachadas, los ojos grandes, redondos y brillantes de color cobre, sobre una cabeza ancha, redondeada, con mejillas llenas y nariz corta. El cuerpo es sólido y rechoncho, de cola corta y empenachada, sobre unas patas cortas y gruesas que terminan en unas zarpas grandes y redondeadas. La cabeza ancha y redondeada, con mejillas llenas y nariz corta.

BICOLOR (AZUL Y BLANCO)

Historia:
El azul y blanco son unos de los colores más populares entre los **Persas bicolor.** Estos ejemplares suelen ser sanos y fuertes, necesitando solamente un especial cuidado en el mantenimiento de su pelaje para lograr mantener bien diferenciadas las zonas blancas y las azules. Para ser bien clasificado no han de aparecer marcas **Tabby** en su pelo.

La cara suele tener los dos colores, y éstos han de formar una V invertida, requisito necesario para participar en las exposiciones de esta variedad en los EE.UU.

Características:
Este exótico **Persa** de color azul y blanco, posee un largo pelaje tupido, sedoso y fino. Tienen una blanca gorguera alrededor de los hombros y entre las patas delanteras, así como una cola muy tupida. La cara posee poderosas mandíbulas.

No hay apenas diferencias entre las hembras y los machos, destacando solamente un tamaño un poco más pequeño en las hembras.

TABBY

Historia:

Existe una gran controversia entre los colores que han de ser aceptados dentro de esta raza. Mientras que en Gran Bretaña solo se admiten los colores plateados, marrón y negro, en América se admite una variedad mucho más amplia de colores. Este desacuerdo se extendía aun más cuando se trataba de aceptar el color que deberían tener los ojos.

Dependiendo de su color tienen una procedencia u otra. Por ejemplo, el Tabby lila procede de un Persa lila, originados en 1880, mientras que los primeros Tabbys azules surgieron de Tabbys marrones, siendo reconocidos como raza en EE.UU. en el año 1962.

Al clásico Tabby, llamado también jaspeado o manchado, se le exige unas marcas muy definidas. Las patas deben ser rayadas y con brazaletes, el rabo debe ser igualmente anillado y con algunos anillos sin interupción alrededor del cuello. Unas líneas que no han de cortarse, deben ir desde los ojos, rodear la cabeza y llegar hasta los hombros. En general todo su cuerpo es rayado.

Características:
Su pelo es largo, denso, sedoso y fino, con remolinos en las mejillas y unas líneas verticales que van desde la cabeza hasta las primeras marcas de los hombros, las cuales adquieren forma de mariposa. El pecho y el estómago también deben tener una hilera vertical de puntos y una "M" bien definida sobre la frente formada por los colores de su pelo. El cuerpo es robusto y bajo, con orejas puntiagudas y anchas en la base, siendo las zarpas grandes y redondeadas.

TABBY PLATEADO

Historia:
Este exótico gato fue muy popular hasta muy avanzado el siglo XVIII. Al nacer los cachorros tienen un pelaje negro con algunas manchas, siendo más tarde los mejores ejemplares de pelo plateado. Para ser bien clasificado no ha de tener zonas blancas ni pardas en su pelaje, y solamente debe destacar un denso pelo negro sobre el fondo de un manto plateado. Por sus características marcas **Tabby** y atigradas, en muchas ocasiones ha sido asociado al **Maine Coon**.

Características:
De pelo largo, denso, sedoso y fino, con un espectacular color plateado con sombras negras,

tienen las marcas **Tabby** sobre la frente. En las patas también aparecen unos tonos más oscuros a modo de brazalete. El color de los ojos es verde o avellana y la cola es totalmente recta.

Aunque resulte curioso estos gatos no sienten aversión por el agua, ya que se sienten protegidos por su denso pelaje, por lo que se les puede ver juguetear con ella en algunas ocasiones.

COLOR POINT

Historia:

La característica máscara que estos gatos muestran en su rostro, así como las orejas, las patas, las zarpas y la cola de un color diferente al resto del pelaje, les diferencia notablemente de todos los demás Persas. En Norteamérica son conocidos como los gatos del Himalaya, ya que las manchas tan peculiares de ellos se atribuyen a un gen de la zona.

Las marcas de color o puntos (points) se deben a sus progenitores, los Siameses, utilizados para ser cruzados con gatos persas, resultando un gato con el pelaje del Persa y las marcas del Siamés. Los primeros cruces se realizaron en Suecia, en el año 1922, pero fue en 1955 cuando se aprobó en el GCCF británico un estándar de puntos para estos Persas denominados desde entonces **"Pelo Largo Colorpoint"**.

Las hembras **Colorpoint** suelen ser precoces a la hora de criar, comenzando su época de celo a la temprana edad de los ocho meses, aunque no son correspondidas por machos de su edad, pues ellos no alcanzan la madurez hasta llegar a los dieciocho meses.

Características:
En cuanto a su complexión es más un Persa que un Siamés, ya que tiene una cara ancha, con un distintivo color azul zafiro en sus ojos, nariz respingona, corta y ancha, orejas pequeñas de punta redondeada, algo inclinadas hacia delante; su cuerpo es rechoncho con patas traseras gruesas y cortas, y la delanteras rectas.

La cola es corta, pero está bien proporcionada con el tamaño del cuerpo. El aseo regular de su manto es necesario para mantener en buenas condiciones su denso pelaje, cepillando todas las zonas incluida la parte inferior y las patas tanto traseras como delanteras. Este cepillado ha de ser aún más intenso en el collarín.

Su pelo es largo, de textura fina y brillante y denso por todo el cuerpo con un largo collarín alrededor del cuello que llega a extenderse hasta las patas delanteras. Entre los Colorpoint encontraremos una amplia gama de colores, pero siempre con sus peculiares puntos de color. Los clasificados son: el Seal, Chocolate, Azul, Lila, Rojo, Crema, Carey, Azul-crema y Lila-crema.

Son gatos con un carácter más emprendedor y curioso que el resto de los Persas, pero menos ruidosos que los Siameses. Son muy devotos de sus amos, volviéndose con frecuencia gatos falderos que los seguirán a cualquier parte.

POINT CREMA

Historia:
El Point color crema surgió del cruce de **Persas negros** con un siamés, hacia el año 1935. De este primer cruce salieron tres gatitos negros de pelo corto, pero que apareados entre ellos dieron lugar a la gata "Debutante", la cual tenía el pelo largo, y al ser apareada surgieron los **Persa Colorpoint**. Su pelaje, de color crema pálido, tiene marcas marrón foca

intenso. Tienen el cuerpo y el pelo largos, con manchas en las puntas como un siamés.

Características:
Como los típicos gatos persas tiene la cabeza grande y redonda, con un cráneo muy ancho, el cuello corto y grueso sobre un cuerpo robusto. Su color es blanco crema, con los extremos de la cola y las patas de un color crema más oscuro, uniforme y sin rastros de pelos blancos. Sobre la cara aparecen pelos crema a modo de máscara, siendo más grande los machos que en las hembras. Tiene una prominente gorguera de pelo más largo desde los hombros y entre las patas, las cuales son cortas, fuertes y gruesas con zarpas redondas y empenachadas. Las orejas son pequeñas, bajas y bien separadas, siendo su cola corta y bien tupida.

POINT AZUL

Historia:
Su procedencia Siamés hace que estos gatos maduren antes de lo que es habitual en otros Persas. Nacen con un pelaje totalmente blanco, y los colores que les caracteriza como Point comienzan a aparecer cuando ya tienen varios días. Este cruce ocasiona un gato con el tipo y el pelaje de un Persa, y las marcas de un Siamés. Las variedades dentro del color Point son muy amplias, tanto en cuanto al color de su pelaje como en las marcas, aunque los ojos deben tener, en este caso, una tonalidad azul zafiro claro.

Características:
Su pelo es largo, tupido, suave y fino, de color blanco azulado en el cuerpo, y azul en los extremos. El contorno de los ojos es de un azul vivo, y la nariz, así como sus zarpas, han de ser redondas y bien empenachadas de color azul. La cabeza es maciza y redonda sobre un cuerpo robusto y con una cola muy tupida. El temperamento es emprendedor, inquisitivo, muy devoto de su amo, e incluso le puede seguir como si fuera un perro.

Al nacer, empiezan a mostrar sus marcas distales de manera casi invisible y que se oscurecen a medida en que crecen, alcanzando su plenitud a los 18 meses de edad.

GATOS PELO SEMI LARGO

BIRMANO

Historia:
Originario de Birmania también se le conoce como "El Gato Sagrado de Birmania". Posee un cuerpo más alargado que el resto de los gatos de pelo largo, y su cara también es más estrecha, con las patas de una longitud media y las garras blancas a modo de guantes. Aunque en cuanto al nombre está relacionado con el Burmés, no tiene ningún parecido físico con él.

Se cree que todos los Birmanos descienden de una hembra marrón llevada a EE.UU. desde Birmania en el año 1930, y que estos gatos vivían en los templos budistas de Birmania. Según la leyenda, originariamente eran blancos con los ojos amarillos, y vivieron durante los tiempos de guerra en los templos birmanos. Cuando un sacerdote fue encontrado muerto delante de la estatua dorada de una diosa de ojos zafiro, parece ser que su gato saltó hacia la estatua y al tocarla el alma del sacerdote pasó a su interior.

En ese momento sus zarpas, cola, orejas y máscara, se oscurecieron y solamente permanecieron blancas las patas delanteras que habían tocado al difunto.

Características:

Es un gato muy apreciado por su fino, sedoso y brillante pelaje, más largo en cuello y cola. Existen cuatro variedades ampliamente aceptadas: el Birmano pardo gris, de pelo dorado y extremidades marrones; el Birmano lila, de cuerpo casi blanco y extremidades rosáceas; el Birmano azul, de pelo blanco azulado y extremidades grises azuladas, y el Birmano chocolate, de pelo blanco amarillento y extremidades chocolate con leche.

Con un cuerpo largo de tamaño medio, posee una cabeza fuerte, ancha, con el cráneo redondeado y mejillas bien rellenas. La longitud de la nariz es media, con el mentón firme y los ojos redondos. Las orejas de tamaño medio y puntas redondeadas están algo inclinadas hacia delante. Las patas tienen una longitud entre media a corta con garras grandes y redondeadas.

Tiene un carácter afectuoso, sereno y bondadoso, más silencioso que el Siamés y menos juguetón que el Persa.

Aunque necesita ser peinado y cepillado de forma regular, es más fácil de cuidar que el **Persa**. Para mantener sus guantes blancos bien limpios necesitan que sean lavados todos los días y aplicarlos unos polvos blancos que después son cepillados.

BIRMANO POINT LILA

Características:
Posee un pelaje de color casi blanco, sin manchas ni puntos, con otras zonas marcadas de color como la máscara de la cara. Las extremidades y la cola son de un color gris con tonos rosáceos y el color de sus garras completamente blancos. Tiene los ojos de un azul muy intenso, que le hará ser mejor puntuado cuanto más violeta sean.

FOCA

Historia:
Apreciado por su pelaje liso y brillante, este gato procede de una hembra marrón de tipo extranjero que llegó a los EE.UU. hacia 1930 cruzada con un Siamés. En esta clasificación de gatos Birmanos podemos encontrar nueve variedades de colores diferentes, aunque todos tienen los ojos amarillos.

Se cree que algunos antepasados suyos fueron considerados como animales sagrados y reservados para vivir en los templos budistas.

Características:
Afectuoso, de carácter sereno y bondadoso, tiene los ojos rasgados por encima, redondeados por debajo y de color amarillo claro. Su cabeza es cuneiforme intermedia, con pómulos altos y nariz corta. El pelaje debe ser brillante, las orejas de mediano tamaño algo redondeadas en las puntas, el cuerpo musculoso con la cola de mediana longitud, y las patas largas y esbeltas, las anteriores más cortas que las posteriores.

BIRMANO POINT FOCA

Características:
Existen ejemplares con el pelo color crema pálido y otros con las diferentes tonalidades de éste, con sombras de un tono más claro en el estómago y pecho. Los puntos de color como son la cara, la cola y las

extremidades son de color marrón oscuro, terminando en unas garras completamente blancas.

BIRMANO AZUL

Características:
Poseen las partes distales de color azul pizarra sobre un pelaje blanco azulado. El pelaje deberá ser sedoso y largo, las orejas de color oscuro, tamaño mediano y redondeadas, con los ojos casi redondos y algo oblicuos. Las patas de longitud media y las zarpas grandes y redondeadas. Los guantes anteriores son blancos y los posteriores blancos por delante y con puntitas blancas por detrás.

BIRMANO POINT ROJO

Características:
Todo su cuerpo es de color blanco cremoso, con los puntos de un color naranja brillante, excepto los guantes que permanecen totalmente blancos. La carnosidad nasal y los cojincillos son de un tono rosado, mientras que sus ojos son azules.

MAINE COON

Historia:
Debe su nombre a la zona de la cual es originario en la costa este de Maine en Norteamérica.

Está considerada como una de las razas naturales más antiguas, existiendo diversas dudas sobre si surgió del apareamiento de gatos domésticos semisalvajes con mapaches racoons (lo que explicaría la segunda parte de su nombre), aunque parece ser que recientemente se ha comprobado que esto es del todo imposible biológicamente.

Aunque la cría selectiva de otras razas tomó más importancia e hizo que el Maine Coon descendiera en importancia, es de destacar que un Maine Coon Tabby obtuvo el Best in Show en el Madison Square Garden Cat Show en 1895. Su aceptación como resistente animal de compañía hizo que en 1953 se creara el Central Maine Coon Cat club para seguir promocionando esta raza. En 1967 se estableció un estándar para que pudiera participar en las exposiciones, y en 1976 se formó la International Society for the Preservation of the Maine Coon.

Características:
Son gatos grandes y robustos con un pelaje denso pero desigual, corto en la cabeza, hombros y patas, y más largo en la espalda. La cabeza tiene un tamaño medio con forma casi cuadrada, frente curva y alta, mejillas muy prominentes, la nariz con una longitud media, y los ojos grandes ligeramente ovalados con cierta inclinación desde la base exterior de la oreja hacia la nariz. Las orejas son grandes, algo puntiagudas, altas y bien separadas con una ancha base.

El cuerpo, con un esqueleto bien proporcionado es largo, bien musculado y de pecho ancho, con el rabo casi del mismo tamaño que el cuerpo, siendo ancho en la base y más estrecho en la punta. Los machos son de un tamaño algo mayor que las hembras, siendo en general muy lentos en su maduración lo que les puede llevar entre tres y cuatro años.

Están considerados como perfectos gatos domésticos, ya que tienen un carácter extrovertido y son muy juguetones y divertidos.

No requieren de cuidados especiales, pues aunque su pelo es largo no se enreda con facilidad. Además, ellos mismos tienen una forma muy peculiar de asear su larga cola, que consiste en enrollarla alrededor de la pata delantera y frotarla en espiral.

Son gatos que en la época cálida suelen perder bastante pelo, y su gorguera no resulta tan atractiva.

SHADED ROJO

Características:
Su pelo está formado por una capa interior blanca con tipping rojo que le da sombra en los lados. La cara y la cola son de un tono más oscuro que va clareando hacia el mentón y la espalda, pecho, estómago y la parte interior del rabo. La carnosidad nasal es roja y los cojincillos negros.

TABBY ROJO

Características:
El color base de su manto es rojo con las marcas de un rojo aún más intenso y lustroso. En ocasiones la zona

que rodea los labios y el mentón son de color blanco. La carnosidad nasal y los cojincillos son de color rojo.

TABBY MARRÓN

Historia:
Originario de EE.UU. desde 1770, pertenece a los gatos de pelo largo sin pedigrí. Se cree que la rayada cola se debe a sus antecesores los mapaches. Los Tabbys marrones más clásicos poseen la forma más común del **Maine Coon.**

Características:
Tienen el pelo grueso, sedoso y con una longitud variable, con un fondo de color cobre, con marcas Tabbys negras, con gorguera en el cuello y pecho amplio. La parte posterior de las patas desde la garra al talón, es negra. En las exposiciones está permitido el color blanco alrededor de los labios y en el mentón. Las orejas están bien separadas y altas, con la carnosidad nasal, las almohadillas y la punta de la cola negra o marrón.

TABBY PLATEADO

Historia:
Originario de EE.UU. desde 1770, pertenece a los gatos de pelo largo sin pedigrí. El color básico del fondo debe ser plata con marcas Tabbys. Los colores

atigrados que le hacen estar asociado al **Maine Coon** en este caso son prácticamente escasos.

Características:
Su largo y denso pelaje grueso, sedoso y de una longitud variable es de color plata con una marcada "M" sobre la frente. Las zarpas grandes y redondeadas.

Un dato peculiar de este gato es que a diferencia de casi todos los demás no siente aversión por el agua, pudiendo verle con frecuencia jugueteando en ella.

TABBY AZUL

Características:
El color básico del fondo debe ser marfil azulado con intensas marcas azules, aunque en ocasiones la zona alrededor del mentón y de los labios es blanca.

La cabeza tiene un tamaño medio con forma casi cuadrada, frente curva y alta, mejillas muy prominentes, la nariz con una longitud media, los ojos grandes ligeramente ovalados y con cierta inclinación desde la base exterior de la oreja hacia la nariz. Las orejas son grandes, algo puntiagudas, altas y bien separadas con una ancha base. El cuerpo, con un esqueleto bien proporcionado es largo, bien musculado y de pecho ancho, con el rabo casi del mismo tamaño que el cuerpo, siendo ancho en la base y más estrecho en la punta. Los machos son de un tamaño algo mayor que las hembras.

RAGDOLL

Historia:
Originario de California, es extraño encontrarlo fuera de los Estados Unidos. Su nombre Ragdoll (muñeco de trapo) se le ha atribuido por la forma de relajarse cuando se levanta, quedando completamente flojo como un muñeco de trapo.
Todos los **Ragdoll** descienden de una gatita blanca de pelo largo llamada Josephine, propiedad de la americana Ann Baker.

Cuando Josephine tuvo descendientes observaron que estos eran especialmente tranquilos y que se acurrucaban plácidamente cuando eran acariciados, por lo que se le atribuyó este singular nombre de muñeca de trapo.

Otra peculiaridad de estos gatos estriba en que son incapaces de hacer daño o sentir miedo, característica que se debe a que en los primeros apareamientos solo intervinieron gatos con un carácter amable. Las manchas blancas del **Ragdoll** se deben a que al menos uno de sus progenitores era portador de estos genes.

Su nombre fue reconocido en el año 1965 por la National Cat Fanciers Association y algo más tarde por otras asociaciones.

Características:

Posee un pelo denso, suave, sedoso, largo y abundante; con un cuerpo grande y macizo; la cabeza de tamaño medio, ancha, con hocico mediano y mejillas bien desarrolladas; los ojos grandes, ovalados, con el extremo exterior a la altura de las orejas; las orejas de tamaño medio, con puntas redondeadas, de tamaño medio y bien separadas; las patas de un largo medio con las traseras algo más largas que las delanteras y las garras grandes y redondas.

Entre ellos se da el pelaje de diferentes colores pero todos con los ojos azules claro.

Es un gato dócil y tranquilo, por lo que constituye un excelente animal de compañía muy tolerante con los niños.

Necesita ser cepillado de forma regular con un cepillo blando para mantener su pelo en buenas condiciones, debiendo poner especial interés en el cepillado del pelo más largo de su cola y en el pelo de alrededor del cuello.

RAGDOLL CON GUANTES AZULES

Historia:
Procedente de EE.UU. fue reconocido en este lugar en el año 1965, y un poco más tarde en Gran Bretaña, hacia 1983.
Descendiente del **Persa blanco** y del **Sagrado de Birmania**, posee las cuatro garras blancas de idéntica forma que el **Birmano**. Para no tener faltas, el tamaño de estos guantes no debe extenderse más allá del ángulo que se forma entre la pata y la zarpa.

Características:
El pelo es de una longitud media, sedoso y denso, los extremos de sus patas de un blanco intenso, con un cuerpo grande y macizo; la cabeza de tamaño medio, ancha, con hocico mediano y mejillas bien desarrolladas; los ojos grandes de color azul, ovalados, con el extremo exterior a la altura de las orejas; las orejas de tamaño medio, con puntas redondeadas y bien separadas; las patas de un largo medio con las traseras algo más largas que las delanteras, y las garras grandes y redondas.

RAGDOLL POINT AZUL

Características:
El pelo es de una longitud media, largo, sedoso y denso, de un color blanco azulado y las zonas de color de un tono más azul, excepto las partes blancas. Tiene los ojos grandes y oblicuos de color azul, orejas medianas y puntas redondeadas, y la cabeza cuneiforme con mejillas llenas y nariz corta.
El cuerpo es de complexión sólida y alargada, y su cola larga.

RAGDOLL BICOLOR FOCA

Características:
Posee un pelo denso, suave, sedoso, largo y abundante, con un cuerpo grande y macizo. La cabeza de tamaño medio, ancha, con hocico mediano y mejillas bien desarrolladas; los ojos grandes, ovalados, con el extremo exterior a la altura de las orejas; las orejas de tamaño medio, con puntas redondeadas, de tamaño medio y bien separadas; las patas de un largo medio con las traseras algo más largas que las delanteras, y las garras grandes y redondas.
A pesar de tener un manto largo no requiere de muchos cuidados, ya que es fácil mantenerle bien cuidado con poco tiempo que le dediquemos.

RAGDOLL COLOR POINT LILA

Características: El color del pelo debería ser de un tono lila pálido, con partes distales con un sombreado marrón oscuro, y con el pecho, el estómago y las patas blancos, estas de longitud media con las zarpas grandes y redondeadas.

Como característica, hay que mencionar que su nombre proviene de la palabra inglesa "muñeca de trapo", que viene a definir su aspecto de muñeca cuando permanece tumbado y relajado. Aunque originario de California, es muy raro en los EE.UU. y no ha sido reconocido en Gran Bretaña.

ANGORA

Historia:
Originarios de Turquía, fueron introducidos en Europa en el siglo XVI desde la ciudad turca de Angora, actualmente conocida como Ankara. Existen distintas variedades reconocidas dentro de esta raza, y aunque los podemos encontrar de diferentes colores el blanco es el más tradicional.

Eran unos gatos tan atractivos que fueron descritos en la literatura contemporánea como los gatos pardos coloreados con ceniza y moteados, hermosos de contemplar.

En la misma época fueron llevados a Inglaterra procedentes de Persia (actualmente Irán) otros gatos de pelo largo conocidos como **Persas**. Estas dos razas fueron cruzadas de forma indiscriminada, y pronto el tipo **Persa** alcanzó mucha más popularidad que el **Angora**, quedando estos como gatos reconocidos en su tierra natal.

Fue en los años 50 y 60, cuando América del Norte, Gran Bretaña y Suecia comenzaron la importación de gatos desde Turquía, empezando así los programas de reproducción de esta raza. Y fue a principios de los 70 cuando en Estados Unidos se reconoció la raza **Angora** de forma oficial, admitiendo su categoría para las competiciones, pero hasta 1978 solo estuvo admitida la variedad blanca.

Características:
Su pelo es sedoso, de una longitud media, brillante, más grueso en la parte inferior, cola y cuello. A estos

gatos se les cae mucho el pelo en las épocas más cálidas, por lo que necesitan ser peinados a diario para así desprenderle los pelos muertos.

Su cuerpo es delgado y largo; la cabeza de tamaño mediano y con forma de cuña, más ancha en la parte alta y más estrecha en el mentón; la nariz de longitud media con una suave inclinación; el mentón algo redondeado y los ojos rasgados de color verde, azul, anaranjado o avellana dependiendo del color del pelo. Las orejas largas y puntiagudas, más anchas en la base, bastante peludas; patas delgadas y largas, con las delanteras más cortas que las traseras; garras pequeñas, redondas con mechones entre los dedos y la cola más estrecha en el extremo y más ancha en la grupa.

Es un gato bondadoso y juguetón que gusta de tener un solo amo. Requiere cepillado y peinado diario, especialmente cuando está mudando el pelo.

Lo podemos encontrar en las variedades blanco, negro, azul, humo negro, humo azul, tabby plata, tabby rojo, tabby marrón, tabby azul, calicó y bicolor.

ANGORA LILA

Historia:
Conseguido después de cruzar diferente gatos orientales, el color lila es uno de los colores logrados más recientemente. Aunque está clasificado dentro de las razas de pelo semilargo, su pelaje se haya tan pegado al cuerpo que en ocasiones le podemos considerar como de pelo corto. Desde que estos gatos han sido introducidos en los EE.UU. procedentes de Turquía, son criados con esmero y mostrados en todas las exposiciones, aunque los británicos, aún, no los han reconocido.

Características:
Posee un pelo sedoso y fino sin la capa interior lanosa de otros ejemplares, de color gris escarcha con un suave velo rosado y uniforme. El cuerpo es tubular, el hocico fino, con las orejas con una base bastante ancha y la cola afinada hacia el extremo. Sus orejas son grandes y puntiagudas, el pelaje de longitud media, las patas largas y esbeltas, con las anteriores algo más cortas que las posteriores, y las zarpas pequeñas y redondeadas. Tiene ojos almendrados y sesgados de color cobre habitualmente.
Es un gato juguetón y amistoso con sus amos pero mucho más retraído con los extraños.

TURCO

Historia:
Este gato conocido con diferentes nombres dependiendo de su procedencia llegó a Gran Bretaña en el año 1955, donde es conocido con el nombre de Turco de Gran Bretaña, mientras que en Europa y Estados Unidos se le denomina **Van Turco**.

La primera pareja originaria de esta raza fue adquirida en la zona del lago Van en Turquía, y fue unos años más tarde, en el 1969, después de llevar a cabo una cría selectiva de ellos, cuando se consiguió el reconocimiento oficial de pura raza.

Características:
Los actuales Turcos son fuertes y resistentes con un carácter cariñoso, por lo que han conseguido ser gatos muy populares para ser elegidos como mascotas. Los cuidados necesarios para su aseo son fáciles de cumplir, pues al no tener la capa interior lanosa en su manto impide que se enrede con facilidad, por ello bastará con un suave cepillado.

Una característica muy peculiar de estos gatos es su falta de aversión hacia el agua, siendo incluso voluntad propia el meterse en el agua si se les pone cerca de ella.

TURCO ANGORA BLANCO

Historia:
Se piensa que pertenece a una raza que nació de forma natural en Turquía y que fue posteriormente exportada a Gran Bretaña en los años cincuenta, admitiéndose en las exposiciones desde 1969. Aunque no existen variedades reconocidas, se le cría diferenciándole por su color.

Características:
Como característica diferencial tenemos el que sea un gato nadador, lo que es raro en este animal y se le puede ver disfrutando del agua en zonas poco profundas y cálidas. Tiene un carácter vivaz y afectuoso. Pierde parte de su pelo en verano y en ese momento se le queda muy corto, volviendo a crecer durante los meses de invierno.

TURCO VAN CASTAÑO ROJIZO

Características:
El pelaje tiene que ser largo y sedoso, en este caso de color rojizo, con marcas más intensas en cara y cola. La cabeza corta y cuneiforme, la nariz larga, orejas grandes y puntiagudas, y los ojos redondos de color ámbar.

TURCO VAN CASTAÑO ROJIZO DE OJOS DISPARES

Características:
El cuerpo musculoso y largo, con la cola larga y poblada, y las patas de longitud media terminando en zarpas pequeñas y redondeadas.

GATOS DE PELO CORTO

BRITÁNICO

Historia:

Originario de Gran Bretaña apareció de forma natural, aunque el paso de los años le hizo un gato más refinado. Se adaptan con facilidad a las casas, pero prefieren vivir en el exterior.

Se cree que fueron introducidos en las islas Británicas por los colonos romanos hace al menos 2000 años, y que estos descendían de gatos domésticos. Las primeras muestras de ellos en las exposiciones aparecieron en el siglo XIX, pero no alcanzaron la popularidad que ya tenían los **Persas y Angoras**.

En los años 30 fue cuando se comenzó un proyecto bien programado para hacer resurgir esta raza, consiguiendo entonces ejemplares de buen tipo, con una amplia gama de colores, siendo los más apreciados los del color azul gris.

Durante la Segunda Guerra Mundial de nuevo estuvieron a punto de desaparecer, ya que los criadores tuvieron que dejar de hacerlo y además esterilizar a todos los animales, por lo que en la postguerra eran muy pocos los sementales que habían sobrevivido con pedigrí. Esto obligó a cruzarlos con otras razas de pelo corto de tipo **Foreing,** hasta que a principios de los 50 los seleccionados apareamientos con Persas azules hicieron que alcanzaran los estándares que actualmente existen.

Características:
De pelo corto, denso y espeso, sin ser doble ni lanoso. Tienen la cabeza muy ancha y redonda con las mejillas bien desarrolladas, sobre un cuello corto y grueso. Su nariz es de una anchura media y el mentón firme y bien marcado.

Los ojos son grandes, redondos y muy abiertos, las orejas medianas, con puntas redondeadas, bien separadas y con ancha base. Tienen un cuerpo grande y robusto, patas cortas y musculosas, garras redondas y la cola corta, pero bien proporcionada en relación con el cuerpo.

Es una excelente mascota de familia, inteligente y fácil de cuidar, ya que su pelo necesita de pocos arreglos, y ellos son autosuficientes. Una limpieza de ojos y orejas con un algodón puede ser necesaria en alguna ocasión.

Existen muchas variedades con diferentes colores de pelo, pero todas tienen las mismas características.

CREMA

Historia:
Pertenece a los Británicos de pelo corto sin pedigrí. El color crema es uno de los colores difíciles de conseguir resultando en muchas ocasiones un color más rojizo del que se desea. El pelo corto es mucho más común entre los gatos domésticos y salvajes, pues los genes del pelo corto son dominantes sobre los largos, lo que parece ser una adaptación de su naturaleza para la supervivencia. Cuando estos gatos aparecieron por primera vez en las camadas de Careys nadie sabía como criarlos, por lo que los errores fueron frecuentes. Con el paso de los años y ya entrado el siglo XX, se establecieron las pautas para su crianza.

Características:
Su pelo de color crema pálido es corto, denso y crespo, cabeza ancha y redonda con las mejillas bien desarrolladas, con un cuello corto; la nariz de tamaño medio tiene una pequeña hendidura en su perfil, el mentón firme y bien desarrollado. El color de sus ojos puede variar entre el oro intenso y el cobre, las orejas son medianas, de base ancha y con las puntas redondeadas. Las patas son de una longitud media, terminando en unas garras redondas.
Su carácter es dócil y amistoso.

BLANCO

Historia:
Originario de Gran Bretaña desde el año 1880, pertenece a los Británicos de pelo corto sin pedigrí. Existen tres tipos de Blanco Británico, dependiendo del color de sus ojos. Entre los primeros gatos blancos que aparecieron a principios de siglo se consiguieron buenos ejemplares logrando que algunos fueran campeones. En estos gatos la sordera congénita está asociada a los blancos de ojos azules, pero no a los que tienen los ojos de color cobre. Los británicos blancos siempre han gozado de una gran popularidad, a diferencia de sus hermanos negros, los cuales están considerados como gatos de mala suerte. Fue criado a partir de los mejores gatos callejeros de entonces.

Características:
Su pelo es totalmente blanco sin tonalidades amarillentas, corto, denso y crespo; la cabeza es redonda y maciza; los ojos que pueden ser azules, dorados, anaranjados e incluso cobre, son redondos y grandes. Su cuerpo es robusto y las patas de un tamaño medio. El pelaje debe ser corto y denso, con un color blanco puro y la cola corta y gruesa. La cabeza redondeada y ancha, con nariz corta y recta, y un mentón bien desarrollado, con las orejas de tamaño mediano y la punta redondeada.

Está considerado un compañero sano y agradable al que hay que proteger del sol, ya que puede sufrir quemaduras solares. Tiene buen carácter y es afectuoso e inteligente.

AZUL

Historia:
Se trata de la variedad más popular de los Británicos o British. La razón de ello la tenemos en su pelaje afelpado de color gris azulado, y sus brillantes ojos cobres o ámbar, totalmente sorprendentes. Expuesto por primera vez en el siglo XIX, consiguió alcanzar los mejores lugares desde sus inicios. Como los demás British, fue creado a partir de gatos callejeros muy fuertes.

Existen algunas variedades francesas, como la Chartreux que fue criada en el monasterio de los monjes que vivían en dicho pueblo, famoso por cierto, por su licor Chartreuse. Esta variedad suele mostrarse en las exposiciones juntamente con la anterior, aunque hay quien prefiere considerarlos como diferentes y los exhibe por separado.

Características:
El cuerpo debe ser fuerte, musculoso, robusto, con la cola gruesa y corta, mientras que el pelaje es corto y denso, con el color característico de la variedad. Las orejas de tamaño mediano y puntas redondeadas; los ojos grandes, redondos y de color ámbar o cobre, con la cabeza redondeada, ancha, y la nariz corta y recta. El mentón bien desarrollado, las patas cortas y bien proporcionadas, con zarpas grandes y redondeadas.

BICOLOR CREMA Y BLANCO

Historia:
Originario de Gran Bretaña, requiere no tener de color más de las dos terceras partes del pelo, y no más de la mitad debe ser blanca. El bicolor debe estar bien definido y distribuido uniformemente. Se trata de un ejemplar raro, tanto como el crema, y es difícil conseguir una uniformidad en sus colores. No es admitido todavía en la totalidad de las exposiciones y lo podemos encontrar también en la variedad negro y blanco, azul y blanco, rojo y blanco, y crema y blanco.

Características:
Posee un pelo corto pero espeso, con una constitución robusta, patas cortas pero musculosas, cola corta terminada en punta, garras redondas y grandes. La cabeza es redondeada y ancha, con la nariz corta y recta, y el mentón bien desarrollado. Las zarpas grandes y redondeadas y el cuerpo fuerte, robusto y bien musculado.

Además del bicolor crema y blanco, existen tres variedades más, igualmente reconocidas: naranja y blanco, negro y blanco, y azul y blanco. Todos ellos tienen los ojos color cobre o naranja.

Tiene un carácter saludable, resistente, independiente, inteligente, afectuoso, amigo de los niños y se le considera un diestro cazador de ratones.

CHOCOLATE

Historia:
Es uno de los colores más recientemente conseguidos, por lo que todavía no es muy popular, pero su atractivo color le asegura una gran divulgación, aunque no ha sido reconocido por todas las asociaciones. Para su obtención se utilizaron gatos de pelo corto color chocolate mediante una cuidada selección. Las marcas **Tabbys** pueden aparecer en los recién nacidos, pero van desapareciendo cuando crecen.

Características:
Posee un manto de pelo corto, denso y crespo de color pardo oscuro muy intenso. La cabeza ancha, redonda, de mejillas bien desarrolladas y una gran papada. La nariz es corta y recta; los ojos grandes, redondos y bien abiertos; las orejas son medianas, con una buena base y bien separadas; las patas con una longitud que va de corta a media y la cola con la punta algo redondeada.
Es un gato de temperamento plácido y amistoso.

SPOTTED PLATEADO

Historia:
La importancia que alcanzó por ser admitido en la participación del concurso Top Shorthair en Inglaterra en el año 1965, le ha hecho ser una de las variedades más populares dentro de los gatos Británicos de pelo

corto. Con un fondo de pelo plateado, las manchas negras no deben entremezclase con él, sino quedar perfectamente diferenciados un color de otro.

Características:
Es afectuoso, inteligente y de buen carácter. Su pelaje llama la atención y es corto, denso y habitualmente con dos capas diferenciadas, interna y externa. Los ojos grandes y redondos, de color cobre, ámbar o dorados, con la cabeza redondeada y ancha, la nariz corta y recta, y el mentón bien desarrollado. El cuerpo tiene que ser musculoso, robusto, con la cola gruesa y corta, mientras que las patas serán cortas y bien proporcionadas, terminando en zarpas grandes y redondeadas. Hay que destacar la "M" marcada sobre su frente.

SPOTTED MARRÓN

Historia:
Fue presentado por vez primera a finales del siglo XIX en diversas exposiciones europeas, después de ser criado partiendo de numerosos gatos callejeros. Puede ser visto en diversos colores, aunque las variedades marrón, plata y roja son las que gozan de mayor popularidad.

Características:
Posee un precioso pelaje, con un dibujo similar al gato atigrado, pero con las manchas interrumpidas, negras, numerosas y distintas. Su pelaje marrón claro, ojos

color cobre, ámbar o dorado intenso, junto con su carácter afectuoso e inteligente, le hacen ser un gato muy apreciado. La cabeza es redondeada, ancha, con nariz corta y recta, y el mentón bien desarrollado. Las orejas de tamaño mediano y puntas redondeadas, con las patas cortas y bien proporcionadas, terminando en zarpas grandes y redondeadas.

TABBY PLATEADO

Historia:
Estas variedades están siendo cada vez más populares, por su atractivo color base plateado claro. En la variedad **Tabby** hay que destacar la "M" marcada sobre su frente.

Características:
Su pelo es corto, denso y crespo de color plateado, con las marcas de un negro muy intenso. La carnosidad nasal es de color rojo ladrillo y los cojincillos de color negro. Los ojos pueden ser de color verde o avellana.

SMOKE NEGRO

Historia:
Estos gatos descienden de los cruces realizados con **Tabbys plata** y **Británicos Unicolores.**

Características:

Este gato es confundido frecuentemente con el Británico negro, debido a que parece tener un solo color hasta que se mueve, momento en el cual se aprecian las dos capas, la interna y la externa. La versión de pelo corto posee un pelaje poco corriente.

Tiene la típica cara redondeada, con los ojos que pueden variar entre el color oro intenso y el anaranjado o el cobre. Las patas son relativamente cortas con las zarpas negras. Tanto la carnosidad nasal, como los cojincillos, son de color negro.

PELO CORTO TIPPED

Historia:

Fue desarrollado a partir de una complicada línea de cría de gatos, en los cuales había gatos con genes de color plata y otros de color azul y humo. Le podemos considerar como equivalente al **Persa chinchilla** o **Cameo**, con una capa interna blanca con las puntas de color.

Características:

De temperamento amable, afectuoso e inteligente, lo podemos encontrar con las variedades de color chocolate y lila, todos con los ojos de color cobre y ámbar, o en ocasiones verdes si las puntas son negras. Las orejas de tamaño mediano y puntas redondeadas; la cabeza redondeada y ancha, con la nariz corta y recta y el mentón bien desarrollado. El pelaje tiene que ser corto y denso, de color puro, y dependiendo de la variedad con las puntas rojas, pero el mentón, pecho y estómago del color que le defina. El cuerpo musculoso, robusto y con cola gruesa, mientras que las patas serán cortas y bien proporcionadas, con las zarpas grandes y redondeadas.

MANX

Historia:

El Max es un animal desprovisto de la característica cola, que tiene una complexión parecida a la del British. En el supuesto que tenga una cola minúscula se le denomina como "Stumby". La leyenda dice que perdió su cola cuando fue llamado al Arca de Noé y llegó tarde, contando unos que entonces se le cortó la cola como castigo, mientras que otros dicen que, en realidad, se la pilló con la pesada puerta cuando ya estaba casi cerrada. Después, los primeros gatos de esta raza fueron llevados a la isla de Man durante el siglo XVI por los galeotes procedentes del Lejano Oriente y este aislamiento geográfico fue lo que permitió perpetuar la raza, conservando su aspecto único durante siglos.

No obstante, hay quien dice que la carencia de cola se debe a una anomalía genética y por ello es imposible que le pueda crecer.

Son gatos conocidos desde 1900, y desde 1901 tienen su propia asociación en Gran Bretaña. Para mantener un tipo correcto de raza los criadores han de cruzar miembros sin cola con otro de cola normal, ya que si los descendientes heredan el gen sin cola de ambos padres, denominándose Homocigato, mueren en el útero a una edad muy temprana. Solo sobrevive el **Manx** heterocigoto, es decir, el que hereda solamente un gen sin cola.

Existen diferentes variedades dependiendo del tipo de cola: los Rumpies, con el hueco solamente donde debería ir alojada la cola; los Stumbys, de cola corta; los Risers, con un pequeño resto de cola y los Longies, con el resto de la cola.

A este gato no le faltan leyendas, pues también se dice de él que desciende de los gatos que transportaba la Armada Española cuando se hundió en la isla de Man y que ellos consiguieron alcanzar la costa.

Características:

Su pelo es corto con doble capa, lo que le da una calidad de acolchado, debido a su abierta y larga capa exterior y la apretada y algodonosa capa interior. Debe ser peinado a diario hasta las raíces y por todo el cuerpo, pasando a continuación una manopla o pañuelo de seda para así sacarle un buen brillo.

Su cuerpo es de tamaño medio, musculoso y compacto, con fuerte estructura ósea; la cabeza redonda algo más larga que ancha; la frente redondeada y las mejillas prominentes. La nariz de perfil suave; el mentón firme y fuerte; ojos grandes redondos y llenos, orejas de tamaño medio, bien separadas y vueltas ligeramente hacia atrás. El hocico bien desarrollado y una clara separación de los bigotes. Las patas y pies son de pesados huesos, con las traseras mucho más largas que las delanteras, haciendo que la grupa se vea más alta que los hombros. Las garras bien marcadas y redondas. Tiene una carencia total de rabo y una clara hendidura al final de la espina dorsal.

TORTIE TABBY

Características:
Las orejas de tamaño mediano y puntas redondeadas, con la cabeza redondeada y ancha. La nariz corta y recta, y el mentón bien desarrollado. El cuerpo debe ser fuerte y musculoso, robusto y, como ya hemos dicho, la cola inexistente. Los ojos grandes y redondos, de color cobre o ámbar, el pelaje corto y denso, las patas anteriores cortas y rectas, y las zarpas grandes y redondeadas.

TORBIE Y BLANCO

Características:
Con las características totales de un **Manx,** es un gatito gracioso y juguetón que destaca por su curiosidad y como excelente animal de compañía.

SCOTTISH FOLD

Historia:

Procede de una camada de gatitos que apareció en una granja de Escocia en el año 1951. Entre estos gatitos hijos de la gatita Susie había uno con las orejas dobladas, por lo que a un pastor de la localidad se le ocurrió establecer una raza que tuviera esta peculiaridad. Más tarde, esta gatita trajo al mundo de nuevo dos gatitos con el mismo tipo de orejas, y el pastor William Ross, que así se llamaba, adquirió uno de ellos comenzando así un programa de reproducción para los **Scottish Fold**.

Cuando se descubrió que además de las orejas plegadas tenían las colas y las caderas gruesas, fue prohibida su participación en las exposiciones por el organismo encargado de los registros en Gran Bretaña. Los criadores de esta raza tuvieron que registrarlos en otras asociaciones extranjeras, por lo que el mayor centro de cría de ellos hoy en día se encuentra en Estados Unidos.

Características:

Tiene un tamaño medio, el cuerpo bien redondeado con el manto corto, denso y muy resistente. La cabeza es redonda con el mentón y las mandíbulas firmes, nariz corta con una pequeña curva y el hocico con almohadillas bien redondeadas. Las orejas pequeñas y plegadas hacia delante y hacia abajo. Esta característica se debe a un solo gen, por lo que se necesita que al menos uno de los progenitores tenga esta peculiaridad. Los ojos son grandes y con una expresión agradable. Las patas de tamaño medio con las garras bien definidas.

Entre los colores de su manto se dan prácticamente todos, con la excepción de los híbridos que resultan de los colores chocolate o lavanda. El color de los ojos debe estar en armonía con el color de su manto.

Es un gato cariñoso y buen compañero, se adapta con facilidad a vivir en compañía de otros animales, necesitando de pocos cuidados dado su manto corto y denso, que se conservará bien con un mínimo de cepillado y peinado. Los pliegues de las orejas hay que limpiarlos con un algodón húmedo.

BICOLOR AZUL Y BLANCO

Historia:
El hecho de ser gatos que no fueron admitidos por la GCCF, ha hecho que sean más populares fuera de Gran Bretaña, aunque no por ello dejan de ser gatos con un gran interés, sobre todo las formas bicolores como es en este caso. Fue registrada como raza en los Estados Unidos en el año 1973.

Características:
El manto de color azul que puede variar de pálido a un azul intermedio, con un gran contraste respecto a las zonas blancas, es corto, denso y muy resistente. Tiene la cara bien redondeada con una extensa mancha blanca, la nariz corta y recta; el cuello corto, grueso y musculoso; las orejas plegadas con las puntas dirigidas hacia la nariz, y los ojos de color cobre o de un naranja intenso. El cuerpo está bien redondeado con unas patas y zarpas fuertes. La cola es larga y flexible.

EXÓTICO

Historia:
Originario de Estados Unidos desciende del Americano de Pelo corto y fue criado selectivamente utilizando en los cruces al **Burmese**. Esta cría se hizo para tener un gato similar al Persa, pero de más fáciles cuidados.

Un rutinario ejercicio de cruzamiento de los criadores con gatos de pelo largo y pelo corto hizo que durante los años 60 a estos mixtos, resultado de mezclar estos linajes, se les diera la aprobación del consejo de la CFA, quedando definidos como ejemplares exóticos de pelo corto.

Fue reconocido como raza en el año 1967, y aunque en un principio se utilizaron los **Burmeses,** en la actualidad solo se permiten pedigríes cruzados con **Persas** o **American Shorthairs**.

Características:
Tiene el pelo espeso y afelpado de una longitud media, de textura suave y bien separado del cuerpo debido a su densidad. La cabeza es de gran tamaño, redonda, con una gran profundidad de cráneo, sobre un cuello corto y grueso. La cara redonda, de mejillas llenas, mandíbulas anchas y fuertes, con la nariz corta y muy chata. Los ojos son grandes, redondos y muy separados. El cuerpo corto con el tronco bajo, patas gruesas y cortas terminando en unas garras grandes y redondas. La cola tupida y corta.

Lo podemos encontrar en diferentes colores, pero el color de los ojos siempre ha de armonizar con el color del pelo. Para estar bien cuidado necesita un suave cepillado, aunque sea de vez en cuando. Tiene un carácter plácido con una naturaleza ideal para la vida en familia, siendo muy afectuoso con los niños, y le gusta ser acariciado y admirado.

EXÓTICO SHADED PLATEADO

Historia:
Se trata de un gato considerado como "artificial", pues es producto de una cría selectiva efectuada a partir de los años sesenta por criadores americanos. Se trataba de lograr una nueva variedad cruzando persas con americanos, intentando aprovechar las mejores cualidades de los dos. Este cruce ocasionó, como estaba pensado, un nuevo gato de buenas cualidades, de carácter más tranquilo y juguetón, y bastante más audaz y despierto.

Características:
Tiene un pelaje similar al American shorthair, pero con el cuerpo rechoncho y la cara redonda y atractiva, con la nariz respingona del Persa. Con la cabeza redondeada y ancha y las mejillas llenas y la nariz corta, orejas pequeñas y de punta redondeada, tiene un cuerpo sólido, con la cola corta y empenachada. El pelaje de longitud media tiene que ser afelpado y denso, con la capa interna blanca. Las patas son gruesas y croatas, y las zarpas grandes y redondeadas.

GATOS PELO CORTO
FOREIGN

ABISINIO

Historia:
Originarios de Etiopía, existe la creencia de que estos gatos descienden de los templos sagrados del Antiguo Egipto y que es la raza más antigua dentro de los gatos domésticos, llegando a definirle como la criatura de los Dioses. Los primeros cruces realizados con los Británicos y los primeros Abisinios llegados a Gran Bretaña en el año 1868 modificaron las características de estos últimos. Son gatos

extraordinarios de enormes ojos, que fueron reconocidos como raza en el año 1882.

Durante algún tiempo fue conocido con otros nombres como el Español, Ruso, Ticked, Liebre o Gato conejito, este último nombre debido a la teoría que existe de que fue el resultado de un cruce de gato con un conejo salvaje.

Independientemente de su color todos posen dos o tres bandas coloreadas denominadas como agutí o diseño tipo salvaje. Existen estándares algo distintos entre Europa y América del Norte, puesto que el Americano posee una cabeza más corta y un perfil más redondeado que los europeos.

Características:

Pertenece a los Foreign de pelo corto, con un tamaño medio, ágil y bien musculado. El manto es suave, sedoso de fina textura, y sea cual sea su color todos tienen en el pelo dos o tres bandas coloreadas. La cabeza ligeramente redondeada tiene forma de cuña, algo curvada en el perfil. El hocico no se puede considerar ni puntiagudo ni cuadrado, la nariz con una longitud media, de mentón firme y los ojos grandes, almendrados y muy expresivos. Las orejas son grandes y siempre en estado de alerta. El cuerpo largo, ágil y lustroso con patas delgadas y cola larga.

Son buenos trepadores, inteligentes y muy juguetones, algo desconfiados con los extraños pero un gran amigo de su amo. Estos gatos nunca han sido muy prolíficos.

El manto se pude mantener en impecable estado con un mínimo de aseo diario; un cepillado con un guante y la limpieza de las orejas con un algodón húmedo serán suficientes.

COMÚN

Historia:
Procedentes de Abisinia, estos gatos llegaron a Inglaterra en la década de 1860, aunque existe la creencia de que, en realidad, son descendientes directos de los gatos sagrados egipcios. Todos ellos, dentro de las distintas variedades diferenciadas por su pelaje, tienen los ojos de color ámbar, avellana o verdes.

Características:
Con un encanto especial, tanto que llega a gustar incluso a aquellas personas a quienes no les agradan los gatos, poseen una mirada cautivadora, elegante y expresiva, lo que en conjunto les proporciona una gran belleza. Su atractiva personalidad, su alta inteligencia y su facilidad para aprender cualquier truco, les hace unos animales ideales para vivir en casas pequeñas.
El abisinio común tiene un lustroso color marrón con bandas negras, y es conocido en Europa y América como Abisinio rojizo.

CERVATO

Historia:
No todas las variedades del Abisinio están reconocidas por todas las asociaciones pero éste, concretamente, es uno de los mejor establecidos en Estados Unidos en la actualidad.

Características:
Tienen un manto beige con bandas en cervato más cálido, lo que le da un especial atractivo a esta variedad. La punta de la cola y de las orejas, junto a la parte posterior de los pies y los mechones de los dedos son de un tono crema más oscuro. La parte que rodea los ojos, la carnosidad nasal y los cojincillos son rosa.

AZUL

Historia:
Su gran parecido con los gatos sagrados de los antiguos egipcios, hace que se hable de él como la criatura de los dioses, pero es muy posible que el Abisinio azul tenga su origen en una época mucho más cercana.

Características:
El color del cuerpo es azul grisáceo cálido con ticked en un tono azul más oscuro, lo que produce un gran contraste con el pelaje interior de color crema. La punta de la cola y las orejas son de azul grisáceo acero

oscuro y tanto la carnosidad nasal como los cojincillos de sus garras son de color rosa. Su pelo es corto fino y ticked, con una silueta facial redondeada y los ojos dorados o verdes.

ALAZÁN

Características:
Tiene un color rojo cobrizo muy brillante con las bandas en un tono chocolate más cálido.

SOMALÍ

Historia:

El Somalí fue criado por vez primera en Estados Unidos en 1960 y es el resultado de un cruce con un Abisinio, originándose un ejemplar de pelo largo. Su aspecto es como un felino pequeño, aunque conserva su genética oriental que le proporciona gracia. Se reconocen tres variedades: el somalí rojo o alazán, el somalí rojizo o normal, y el somalí azul, con marcas grises azuladas.

En las primeras camadas aparecieron gatitos de pelo largo, por lo que durante unos años no se tuvo en cuenta el desarrollar una nueva raza, y fue en 1967 cuando se comenzó con la nueva selección. Los tickes en los pelos son similares a los **Abisinios**.

Aunque en un principio eran criados como Abisinios, fue en 1978 cuando una red mundial de criadores de América del norte, Europa, Nueva Zelanda y Australia acordaron denominarlo **Somalí**, alcanzando en ese año la plena categoría de apto para campeonatos.

Cuando nacen, uno no se pude imaginar la gran belleza que pueden alcanzar en la madurez.

Características:

Su pelo es largo, extremadamente fino y muy denso, más corto en la zona de los hombros. Tiene una constitución de media a grande, con una estructura ósea, ágil y musculada; la cabeza en forma de cuña, más ancha en la parte de arriba; nariz de longitud media con una suave curva en el perfil; el mentón firme y bien desarrollado, y los ojos grandes, almendrados y muy separados. Las orejas grandes, con las puntas algo redondeadas y anchas en la base, con mechones similares al lince, bien separadas y en estado de alerta. Las patas son largas, de huesos finos, y garras pequeñas y ovaladas. El rabo que es bastante largo va estrechándose, siendo más ancho en la base.

Se trata de un animal inteligente y con facilidad para aprender trucos, pero que necesitan libertad y espacio libre, pues de no disponer de ello se vuelven muy nerviosos.

ALAZÁN

Características:
Tiene un lustroso manto cobrizo con bandas chocolate y la base color albaricoque. Las orejas y el rabo también tienen los bordes chocolate. La carnosidad nasal, las garras y los cojincillos son rosas, pero entre los dedos aparece el color chocolate, que va extendiéndose hacia arriba por los talones

COMÚN

Historia:
La historia del Somalí está ligada al Abisinio, pues ambos poseen las mismas características físicas y de carácter. Incluso hay quien prefiere encuadrarles bajo el mismo nombre, especialmente unidos al Abisinio normal con su idéntico pelaje marrón rojizo con bandas marrón oscuro o negro.

Características:

El Somalí es un gato de pelo medio y algo enmarañado. De color marrón pálido con dos o tres bandas de marrón más oscuro en cada pelo, tiene grandes y puntiagudas orejas, cabeza redondeada cuneiforme, nariz de tamaño mediano y ojos grandes almendrados de color ámbar preferentemente. Su cuerpo es de mediana longitud, esbelto y enjuto, con la cola larga, patas igualmente largas de huesos finos, y zarpas pequeñas y ovaladas.

PLATEADO COMÚN

Historia:
Sus orígenes comienzan el año 1967 existiendo diferentes variedades dentro del **Somalí plata**, pero todas ellas han de poseer un fondo blanco con el ticked adecuado a la variedad, sin zonas doradas ni rojizas. Una característica importante de esta variedad es que tienen 5 dedos en las patas delanteras y sólo 4 en las traseras.

Características:
Tienen un tamaño mediano con una constitución musculosa. La cabeza es de tamaño mediano, cuneiforme y con un perfil algo curvado. Las orejas bien empenachas y muy separadas, la nariz de rojo ladrillo con una silueta negra, ojos expresivos y muy separados rodeados por un color más claro a modo de gafas que hace que resalte aun más su color ámbar o verde. Las patas son largas, musculosas, con pie

ovalado y penachos negros entre los dedos. La base de la cola es gruesa con la punta en negro.

El pelo no es igual en todo el cuerpo, siendo más corto en la zona media del cuerpo y hombros, y más largo en la gorguera.

PLATEADO AZUL

Historia:
La variedad Somalí plata no está reconocida de forma universal, por lo que no es frecuente encontrarlo en exposiciones. Los recién nacidos tardan al menos tres meses en mostrar su color definitivo.

Características:
Posee un pelaje básicamente blanco con un tipped azul que le da una tonalidad gris azulada sobre un plata reluciente. Las orejas y el rabo también tienen ese ticked en azul. Su pelo es suave, fino y muy denso, más corto sobre los hombros y semilargo en el resto; la cabeza aunque algo redondeada sigue siendo cuneiforme. Los ojos son ovalados y las orejas bien abiertas. Su pie es ovalado como característica del **Somalí** y la cola completamente empenachada.

La nariz es carnosa y las garras con los cojincillos en azul malva, con pelos azules entre los dedos que van extendiéndose hacia arriba por los talones.

RUSO

Historia:
Tiene su procedencia en Rusia, concretamente en la zona portuaria de Arcángel, en el Mar Blanco, y fue trasladado a Gran Bretaña en un mercante ruso alrededor del 1600.

Durante el siglo XIX fueron exhibidos en Inglaterra, pero se diferenciaban de los actuales por sus ojos color naranja.

Se le conoce con los nombres de **Maltés, Español Azul** e incluso como **Arcángeles azules**. Fue en 1922 cuando se le concedió su propio nombre y clase, pero durante la Segunda Guerra Mundial esta raza casi desapareció, siendo salvada cruzándola con un **Siamés**. Mediante unos cruces selectivos los criadores lograron que estos gatos adquirieran las mismas características que tenían antes de la guerra y fue en 1966 cuando el estándar de exposiciones cambió admitiendo al **Azul ruso.**

Aunque en principio sólo se desarrolló la variedad azul, en la actualidad existen también las formas negra y blanca.

Características:
Tiene un pelo tan corto que casi parece una capa de felpa, con un pelaje interno muy espeso, fino y sedoso. La cabeza corta y cuneiforme con la frente y la nariz en línea; ojos ovalados; orejas grandes, puntiagudas, tiesas y anchas en la base; las

almohadillas de los bigotes son muy prominentes; El cuerpo musculoso, esbelto, de cola larga y aguzada.

Su carácter es tranquilo, algo tímido, afectuoso, dócil y muy cariñoso. No le gusta esta solo durante mucho tiempo ya que necesita la compañía de sus amos o de otros animales.

COMÚN

Historia:
Obviamente su origen está en algún lugar portuario de Rusia, desde la cual partió hacia Gran Bretaña en un barco mercante ruso. Conocido en un principio como **Gato español** o **Maltés**, cuando llegó a Europa recibió varios cruces, lográndose un ejemplar blanco que no consiguió consolidarse por falta de interés. Se trata de un raro ejemplar.

Características:
La piel parece similar a la felpa y si permanece quieto se le podría confundir con un juguete. Su pelaje interno le proporciona un extraño brillo, similar al visón y tiene un carácter tranquilo, tímido y perfectamente adaptable a la vida en el hogar.

KORAT

Historia:

Este extraño gato nativo de Tailandia, en la provincia de Korat, posee un cuerpo parecido al Siamés aunque algo más corto. Fue conocido en Occidente en el año 1896, concretamente en Londres, donde fue descalificado al ser juzgado como **Siamés**. Los datos más modernos datan desde 1959, cuando a su llegada a los Estados Unidos fueron oficialmente reconocidos. Seis años después su raza fue reconocida por las diferentes asociaciones felinas y diez años más tarde lo hicieron también en Inglaterra. Fue en 1965 cuando se fundó una asociación para el desarrollo de esta raza.

Su nombre procede de la misma región donde se originó, y allí le consideran un gato que proporciona buena suerte, denominándole como "Si-Sawat" nombre que se refiere a su manto gris plateado y a sus luminosos ojos verdes claro. Suele constituir un regalo frecuentemente a las parejas de novios en su día de boda, para que les proporciones longevidad, riqueza y felicidad.

Características:
Tiene el pelo corto, fino y apretado al cuerpo, el cual es musculoso y de tamaño entre pequeño y medio. La cabeza acorazonada, con orejas grandes, de punta redondeada y bien erguidas; los ojos son grandes, redondos, de color verde intenso; nariz corta, con una amplia frente sobre una cara algo curvada. Las patas están bien proporcionadas con garras ovaladas y la cola de una longitud media, más pesada en la base, va estrechándose hasta terminar en una punta redondeada.

Con un carácter dulce, tranquilo y cariñoso, cuando son pequeños tienen los ojos amarillos o ámbar, que se vuelven verdes cuando alcanzan los dos meses de edad.

HABANA MARRÓN

Historia:
Aunque su nombre pudiera indicar una procedencia concreta, lo cierto es que es originario de Gran Bretaña, donde hasta 1970 fue conocido con el nombre del **Extranjero castaño**. Su aspecto actual es el resultado de mezclar gatos siameses sin dibujo en sus puntas, con el fin de lograr una raza distinta con un color perfecto y sin manchas. Al parecer este cruce

se inició en el año 1951 cuando un **Siamés chocolate point** se cruzó con un gato negro sin pedigrí.

El criado en Europa es más parecido al **Oriental marrón** que se cría en Norteamérica, ya que la prohibición que existe en América la cual impide cruzar otros gatos con los **Siameses** hace que el **Habana** criado allí tenga una cara más redondeada y la nariz más corta.

Aunque se trata de una raza ya bien diferenciada, existen diversos criterios de valoración, según se trate de Estados Unidos o Gran Bretaña. Durante algún tiempo se le denominó popularmente como "cigarro puro", especialmente por su color.

Características:

Se trata de un gato de pelo corto, lustroso y liso, que solo se encuentra en color marrón. El cuerpo es delgado y largo, la cabeza algo más larga que ancha, el hocico redondeado, con una clara separación detrás de cada almohadilla; el mentón bien desarrollado, con las orejas muy grandes de puntas redondeadas y base ancha; ojos ovalados de un color verde vivo y patas delanteras largas con garras pequeñas, ovales. El rabo es de una longitud media, más estrecho en el final.

De carácter afectuoso y juguetón, es un gato tranquilo y leal, muy inteligente, que disfruta con la vida en el interior de las casas, lo mismo que con los paseos al exterior. Su manto es fácil de mantener en buenas condiciones y bastará con un cepillado para quitarle cualquier pelo suelto y luego frotarlo con un pañuelo de seda lo que le proporcionará un bonito brillo a su ya reluciente color marrón.

BENGALÍ

Historia:

Los apareamientos entre gatos domésticos y gatos monteses fueron muy utilizados desde hace más un siglo, haciéndose muy populares en los años sesenta en Gran Bretaña. El Bengala concretamente surgió de un programa de cría llevado a cabo por un especialista en genética que cruzó un gato doméstico con un leopardo asiático hembra.

La finalidad de este cruce realizado por Jean Sugden, que así se llamaba, era transferir las marcas de un animal salvaje a un animal doméstico. En 1981 otro geneticista, el Dr. Willard, junto a Jean Mill comenzaron a trabajar en este mismo programa hasta conseguir el **Bengala.**

Tiene una cabeza robusta y redonda, orejas grandes y abierta, nariz ancha, el cuerpo largo y musculoso, con la cola larga y musculosa.

Las grandes manchas que aparecen en el pelaje están colocadas en horizontal, presentando en algunas ocasiones forma de rosetas, no alcanzando su color rojizo hasta que no tienen un año de edad. En la actualidad también se han conseguido las variedades

sorrel (de color naranja con manchas marrones) y el **visón** (color caoba con marcas negras).

Características:

Con una constitución grande, tiene un cuerpo robusto y muscular, con los cuartos traseros algo más altos que los hombros. Pertenece a los Foreing de pelo corto y la longitud de su manto está entre corta y media siendo denso y exuberante. La cabeza es ancha, de tamaño medio con forma de cuña y los contornos redondeados, aunque en proporción con el cuerpo resulta bastante pequeña. La nariz grande, ancha con la carnosidad levantada, con un perfil que tiene una pequeña curva desde la frente al puente de la nariz. El mentón fuerte, ojos ovalados, grandes pero no muy demarcados, con las orejas entre medianas y pequeñas, bastantes cortas con una ancha base y puntas redondeadas, siendo su posición muy lateral, pero apuntando siempre hacia delante del perfil. Las garras grandes y redondas, el rabo grueso de longitud media, sin estrecheces y con la punta redondeada.
Es un gato con una gran confianza en sí mismo, heredada de sus ancestros los gatos leopardos, que han ido modificando su temperamento haciéndose cada vez más amable y cariñoso.

SPOTTED MARRÓN

Características:

Hay que destacar sus manchas en forma de flecha, preferidas en las exposiciones dentro de la variedad spotted.

JASPEADO

Características:
Las complejas espirales que aparecen en el manto del Bengalí jaspeado le hacen ser identificado fácilmente. Aunque sus marcas pudieran llevar a confundirle, no tiene ningún parecido con el **Tabby clásico.**

CORNIX REX

Historia:

Originario de Cornualles, Inglaterra, surgió de un gatito nacido allí en el año 1950. A partir de él se llevó a cabo el desarrollo de la raza con la finalidad de conseguir una raza extranjera con una amplia gama de colores. Para ello se cruzó al primero de ellos, un "Kallibunker" con su madre, consiguiendo así más gatitos rex. En el año 1957 comenzó su exportación a los EE.UU. considerándolos desde entonces una raza de sumo interés para todo el mundo.

Características:

Su característico pelaje carece de los pelos de guarda primarios, e incluso los secundarios y la capa interior son más cortos de lo normal y rizados. La cabeza de tamaño medio, en forma de cuña. Las orejas bien cubiertas de un fino pelaje son grandes, amplias en la base; los ojos ovalados y la nariz recta con el hocico redondeado. El cuerpo musculoso y esbelto está cubierto de un pelaje ondulado, la cola es larga y fina pero bien cubierta de pelo rizado. Las patas largas y rectas le dan un aspecto de mucha altura, terminando en unas garras sin estándar establecido con los cojincillos rosados.

El Cornish Rex es bastante extrovertido, inteligente, cariñoso, juguetón y travieso con el que disfrutará toda la familia.

No requiere apenas cuidados, ya que, su manto rizado, no suelta pelo.

NEGRO

Historia:
Fue reconocido como raza en 1967. Básicamente es un gato extranjero con el pelo rizado y sedoso. Se le considera curioso y extravertido, afectuoso y juguetón, e incluso pícaro. Se recomienda protegerle del frío.
Existen las variedades Cornix rex rojo, de ojos color cobre y pelaje rizado y muy corto, y el Si-rex point con los ojos azules y marcas tipo siamés de color rojo sobre un fondo crema.

Características:
Tiene las orejas muy grandes y puntiagudas, con el pelaje corto y muy fino, algo más rizado y tosco que en la variedad Devon. Su color es rojo y tiene el cuerpo enjuto, esbelto, con cola larga, ojos ovalados de color ámbar y cabeza de duendecillo con pómulos altos y nariz corta.
Cuando tienen los dibujos como el Siamés se le conoce bajo el nombre de **Si-Rex**. Sus patas son largas y esbeltas, y las zarpas pequeñas y ovaladas.

DEVON REX

Historia:

Cuando en 1960 apareció el primer **Devon Rex**, se pensó que era una nueva forma de los **Cornish Rex,** pero en el programa de cruces que se realizó no se consiguió ningún ejemplar **rex,** por lo que se vio se trataba de dos mutaciones distintas.

Esta raza la inició una mujer de Devon, Inglaterra, cruzando su gata con un gato macho de pelo rizado que encontró cerca de su casa, de cuya camada salió un gatito con un pelaje igual al del padre, naciendo así una nueva forma. Era tan grande la importancia del **Cornish Rex** en esa época, que esta nueva mutación casi pasa desapercibida. Se puede diferenciar claramente de él ya que el **Devon Rex** tiene las dos capas de pelo, la guarda y la pelusa, más rizadas que el **Cornish,** y las orejas son más grandes además de estar situadas en una zona más baja.

Características:

Con un cuerpo largo y recto de pecho ancho, se le puede definir como una constitución media, fuerte y muscular. Su manto es muy corto, suave y fino, sin pelo de protección, más rizado y ondulado en el cuerpo y rabo. Tiene una cara cuneiforme, ojos ovalados, grandes y bien separados, orejas grandes y bajas, que necesitan ser limpiadas con un algodón húmedo. Las patas largas y delgadas, zarpas pequeñas y ovaladas, con la cola larga y aguzada bien cubierta de pelo y los cojincillos rosados.

MARRÓN

Historia:

Este Rex tiene la costumbre de sacudir su cola como un perro cuando se encuentra feliz, denominándose como "Gato caniche" cuando se le encuentra con el pelo rizado. Parece ser que tanto el Devon como el Cornix reciben el sobrenombre de Rex a causa de una mutación que se da igualmente en los conejos. Su origen es reciente, cuando en 1950 fue cruzado con una gata del condado de Cornualles, dando lugar a los primeros gatitos diferenciados. Su peculiaridad de bigotes rizados fue pronto muy aplaudida y algunos años después llegaron los primeros ejemplares a Gran

Bretaña. Cuando se le cruzó con el Cornix salieron gatos de pelo liso, lo que demostró que los genes de ambos eran diferentes.

Características:
El pelaje es rizado, muy corto, sedoso y fino, con el color azul y crema entremezclados. Su cabeza es cuneiforme, de nariz larga, orejas grandes y puntiagudas, mientras que sus ojos son ovalados y de color cobre. El cuerpo es enjuto, esbelto, de cola larga, con las patas largas y esbeltas y las zarpas pequeñas y ovaladas.

ESFINGE

Historia:
Fue en el año 1966 en Ontario, Canadá, cuando de una camada nacida de un gato doméstico negro y blanco apareció el primer ejemplar de Esfinge. Al observar a este cachorro sin pelo un criador de Siameses lo tomó y se dedicó a trabajar en el desarrollo de una nueva raza. Aunque en la actualidad todavía solo está aceptado por algunas asociaciones felinas, en el año 1972 fue elegido como primer campeón por la CCFF.

Características:
Aunque a primera vista parezca un gato sin pelo, su cuerpo está cubierto por un fino vello que casi no se percibe. Tiene un tamaño medio, fuerte y muscular.

La cabeza de tamaño mediano tiene forma de cuña con los contornos redondeados, el cráneo redondo, la frente plana, con un pequeño stop en el puente de la nariz, y el hocico redondeado, con una clara separación entre las almohadillas. Los ojos grandes y redondos están algo sesgados hacia la parte exterior de las orejas, las cuales son anchas en la base, muy abiertas y erguidas, algo peludas en la parte exterior y sin pelo en la parte interior. Las patas son de estructura media, con las patas traseras más largas que las delanteras, terminando en unas garras ovaladas con dedos largos y gruesos cojincillos. El rabo es largo y más estrecho en el extremo.

A pesar de estar criado para ser un gato de familia, no le gusta ser mimado, ni acariciado, como tampoco es frecuente verle estirándose de forma que su cuerpo toque el suelo. Por el contrario, suele permanecer bastante tiempo con una de las patas delanteras levantada.

BLANCO Y NEGRO

Historia:
Si necesita un gato diferente, que sea imposible que pase desapercibido en la comunidad, este es su animal. De entre todos los gatos es el más extraño, pues entre sus muchas diferencias está el que no tiene pelo, lo que le obliga a ciertas precauciones con el clima.
Las organizaciones que lo han clasificado le admiten ya con cualquier color y dibujo, siendo los más habituales el blanco y negro, el azul y crema o el bicolor azul, aunque también es popular el atigrado.

Características:
Se trata de un animal muy sociable, procedente del Canadá, amante de la vida en el hogar y que necesita una gran independencia. Con su cuerpo esbelto y largo, la cola terminada en punta, las patas largas lo mismo que las orejas, su mayor peculiaridad, como ya hemos indicado, es la piel carente de pelo, con un tacto similar al ante.
Como precaución, recomendamos que no se le saque al exterior en tiempo frío, ni con el sol del mediodía.

BURMÉS

La mayor parte de los Burmeses conocidos hoy en día son descendientes del cruce entre un macho siamés y una gata preciosa que fue importada a los Estados Unidos. Entre las diferentes variedades están: azul, lila, platino, marrón americano y sable, estando reconocidas ya la totalidad de estas variedades.

Durante los años de 1947 a 1953 estuvo suspendido el registro de esta raza, pero poco después se restableció quedando desde entonces bien definido un estándar de puntos para ellos.

Más recientemente se han podido encontrar algunos Burmeses rojos, resultado del cruce de varios tipos, siendo su color algo más claro.

Originarios de Tailandia, su elegante silueta junto a su buen carácter y a su amplia gama de colores le han proporcionado una gran popularidad como animal de compañía.

Características:
Con un cuerpo compacto, musculado, de caderas y hombros fuertes, tiene un tamaño medio y un buen desarrollo muscular. Su pelo es denso, fino y reluciente, la cabeza redondeada, y toda su cara se llena con un hocico corto y ancho, con el mentón firme y redondeado; y los ojos grandes, bien separados. Las orejas de tamaño medio, bien separadas y ligeramente inclinadas hacia delante, lo que le da un carácter de alerta. Las patas bien proporcionadas con las garras redondas, el rabo recto y de una longitud media.
Es un gato inteligente y activo, que suele mostrar su agradecimiento al buen trato recibido.

AZUL

Historia:
En 1955 en una camada de **Burmeses** surgió la primera gatita de este color a la que se llamó Sealcoat Blue Surprise, y fue en 1970 cuando este color fue reconocido en Gran Bretaña.

Características:
Su pelaje más que de tono azul es un suave gris plata, aún más acentuado en los pies, cara y orejas. El pelo es corto y brillante con un tacto satinado, el pecho fuerte y redondeado, las orejas de punta redondeada algo inclinadas hacia delante, la nariz gris oscuro, los pómulos anchos, altos y afilados formando un borde corto y brusco.

Es muy juguetón y posee una buena salud que se manifiesta en su brillante pelo.

ROJO

Historia:
Este color rojo no ha conseguido un amplio reconocimiento en EE.UU. ya que los criadores americanos solo consideran el marrón como auténtica forma del **Burmés;** sin embargo, ha tomado un gran auge en Gran Bretaña.

Características:
El pelo es corto y brillante, con tacto satinado, de color casi mandarina y marcas **Tabby** en la cabeza. El cuerpo musculoso, orejas más oscuras que el dorso, nariz rosada, ojos de color ámbar con pómulos anchos y la cola de una longitud media.

LILA

Historia:
Denominado en EE.UU. como **Malayo platino**, se originó a través de los **Burmeses** marrón y chocolate llevados a Gran Bretaña y EE.UU. en 1969.

Características:
Su pelo es corto y brillante, de un color muy pálido cuando nacen que va cambiando hasta llegar a un

suave tono gris, con las orejas y la máscara en un tono algo más intenso que el resto del cuerpo.

Las orejas de punta redondeada están algo inclinadas hacia delante, y el cuello es musculoso, con las patas traseras algo más largas que las anteriores.

TORTIE AZUL

Características:
Sus colores característicos son el azul y crema mezclados. Existen cuatro colores de **Burmés Tortie**: marrón, azul, lila y chocolate.

MARRÓN

Historia:
Una gata marrón llamada Wong Mau, originaria de Birmania, fue el inicio del desarrollo de los Burmeses marrones en Occidente, cuando en 1930 fue cruzada en EE.UU. con un siamés. En Norteamérica esta forma del Burmés es conocida con el nombre de **Sable**. Su color ha de ser marrón foca, con las partes inferiores algo más pálidas.

Características:
Posee un pelo corto, brillante y muy satinado, con el cuerpo musculoso de longitud media, la cabeza redonda, y las orejas de punta redondeada han de ser de un color algo más oscuro que el resto del cuerpo. Las patas traseras algo más largas que las delanteras y

la cola recta, sin ángulo. Disfruta con el juego y el ejercicio y se siente muy a gusto en compañía de las personas, aceptando de buen grado la vida hogareña, aunque disfruta cuando le sacan al exterior.

TIFFAINE

Historia:
Originario de Estados Unidos, fue el resultado de una mutación del **Burmés** de pelo largo. Los gatitos cuando nacen no muestran esta característica de pelo largo, pero sí el color marrón pardo gris. Los primeros criadores dedicados a esta raza se centraron en el **Tiffaine arena**, gatitos que nacen con un pálido color café con leche. Los cruces que se realizaron más tarde en Gran Bretaña con el **Burmilla** hizo que resultaran unos refinados cruces con una amplia gama de colores.

Características:
Tiene un gran parecido con el **Burmés**, por su cabeza cuneiforme de tamaño mediano, la nariz corta, y las orejas bastante espaciadas con las puntas algo redondeadas.
Posee pelo largo, grueso pero sedoso, con un cuerpo musculoso y fuerte, los ojos almendrados, que pueden ser de color amarillo y con la cola larga y enredada.
El **Tiffaine** es un gato cariñoso, gracioso y afectuoso con su amo y los conocidos, reclamando también para él alabanzas y tiempo de juego. Es un gato longevo, pues puede llegar hasta los 18 años, siendo un buen

cazador de ratones, pero es mucho más feliz con la vida tranquila de una casa. Es un entusiasta de los viajes en coche, puesto que le gusta ir asomado a la ventanilla.
Necesita del cepillado diario para mantener en buen estado su manto.

AZUL

Historia:
Se trata de una mutación de pelo largo enredado a partir del Birmano, consiguiendo mantener la coloración pardo gris, pero existiendo también la variedad azul. Cuando nacen, estos gatos tienen el pelo muy corto que les va creciendo poco a poco. Ha sido criado con esmero en los Estados Unidos, donde es más conocido como **Tiffany**.

Características:
Se trata de un animal cariñoso con su dueño, que disfruta viajando y cazando ratones, aunque también requiere muchos cuidados y atenciones. De cuerpo musculoso y fuerte, con la cola enredada larga, ojos en forma de almendra de color amarillo oro, pueden llegar a vivir hasta 18 años.

SINGAPURA

Historia:
El nombre deriva de la ciudad malasia de Singapur, donde comenzó su desarrollo a mediados de los 70. Su llegada a América es muy reciente, por lo que todavía no es demasiado popular. En su ciudad natal se le define como el "gato de alcantarilla", pues no se le considera muy refinado a la hora de buscar comida. Aunque en estado natural se han podido encontrar diferentes variedades, la más conocida es la que tiene listas marfil con marrón y un bicolor atigrado blanco y con listas.

Estos gatos no son populares en Singapur, pues le consideran arisco con los humanos y sucio, pero esto se debe al maltrato que allí han recibido, ya que, que cuando vive en buenas comunidades se comporta dócilmente.

Características:
Tiene los ojos grandes, sesgados, almendranados, de color avellana, dorados o verdes. Su cuerpo es pequeño pero robusto, con el dorso algo arqueado y la cola de mediana longitud. Su pelaje es corto, suave y sedoso que requiere ser acariciado con un guante para cepillarle. Su cabeza redondeada de nariz corta y mentón lleno, mientras que las patas son de mediana longitud y las zarpas pequeñas y ovaladas.

TONQUINÉS

Historia:
Originario de Canadá desde 1970, es una de las razas más recientemente desarrolladas, que lo podemos encontrar escrito como Tonquinés o Tonkinés. Es el resultado de un cruce entre **Siameses** y **Burmeses**, por lo que podemos observar en él las manchas del Siamés aunque mucho menos definidas, y con el color sepia dorado del Burmés. Esto hizo que en un principio se le denominara Siamés dorado. En el año 1972 también fue aceptado como raza en EE.UU.

Características:
Su pelo es corto, de piel suave y con un lustre brillante, con un manto denso y fino de suave textura. El cuerpo de tamaño medio, con el abdomen más estrecho. La cabeza con forma de cuña, más larga que

ancha, el hocico despuntado con una clara separación entre las almohadillas, orejas de tamaño medio con puntas redondeadas, bien separadas y ligeramente inclinadas hacia delante. Los ojos almendrados, sesgados a lo largo del pómulo hacia el exterior de las orejas. Las patas son delgadas con garras poco redondeadas y rabo entre mediano y largo, más estrecho en la punta.

Existen cinco variedades aceptadas: visón natural, visón azul, visón miel, visón champán y visón platino; todos ellos con los ojos verdes azulados.

Es un gato afectuoso, extrovertido, juguetón, al que le gusta viajar, ya que prefiere la vida en el exterior.

Necesita ser frotado con un guante para mantener el pelo brillante.

CHOCOLATE

Historia:

Se trata de un cruce entre **Siamés** y **Burmés**, el cual fue criado posteriormente con el nombre de Tonkinés en los EE.UU. y Gran Bretaña, perfeccionándose en los años 70, momento en el cual fue admitido ya en las exposiciones mundiales. Su desarrollo se realizó en Canadá y allí se consiguió mejorar su carácter y su adaptabilidad a la vida hogareña, aunque prefiere la vida en el exterior.

Una característica a destacar en este gato es que varía su color cuando cambia la temperatura.

Características:

De pelaje corto, piel suave y brillante con lustre, posee ojos almendrados de color verde azulado, cabeza cuneiforme de morro cuadrado y nariz larga, así como un cuerpo de tamaño mediano. Las orejas son grandes de punta ovalada, tiene la cola larga sin ángulo y las patas esbeltas y largas, terminadas en zarpas ovaladas y pequeñas. Extravertido y juguetón, hay que frotar la piel con un guante de crin para mantenerle el pelo brillante. Todos tienen los ojos verdes azulados.

LILA

Características:

Una característica de los **Tonquineses lilas** son las marcas de color crema que varían de tamaño entre unos y otros. Sus ojos son de un color tan azul-verde que en ocasiones se les define como aguamarina.

Su pelo es corto, brillante, suave y muy apretado, con las orejas de punta ovalada y la cola larga y recta.

BOMBAY

Historia:

Es esta una raza artificial que se originó en los EE. UU en la década de los 70, mediante el cruce entre un Americano de Pelo Corto y un Burmés.

La intención de este cruce era conseguir una pantera pequeña por lo que su aspecto es así. Su origen está en la ciudad de Bombay, India, en donde fue reconocido con el mismo nombre que el leopardo indio por la especial característica de su pelaje, negro azabache y especialmente brillante. Aún no está reconocido en Gran Bretaña.

Características:

Con un temperamento maravilloso, un carácter que no deja de ronronear, y deseando estar siempre en compañía, nos encontramos ante un gato hogareño al que no hay que dejar solo mucho tiempo. Con los ojos redondos, de color bronce reluciente e intenso, tiene las orejas de mediano tamaño con las puntas algo redondeadas. Su cabeza es también redondeada, de nariz pequeña y el mentón desarrollado, mientras que sus patas son de mediana longitud lo mismo que la cola. El cuerpo de tamaño mediano, musculoso y las zarpas pequeñas y ovaladas.

BURMILLA

Historia:

Esta raza se creó casi por accidente, pues no fue programado el apareamiento de una hembra Burmesa lila con un macho Chinchilla. El resultado fue cuatro cachorros hembra de color plateado, con sombras en negro, con un aspecto tan espectacular que despertaron el interés de los criadores y siguieron con apareamientos similares. Originaria de Gran Bretaña donde comenzó su desarrollo, es una raza recientemente creada, ya que data de principios de los años ochenta. La cuidada selección que se ha llevado a cabo desde entonces ha conseguido un gato con un pelaje suave, denso y corto, en el que podemos encontrar las variedades shaded y las formas dorada y plata.

Características:

Englobado dentro de la categoría Foreign de pelo corto, tiene una constitución mediana, con el cuerpo de longitud media, la espalda recta y el pecho redondeado. Su manto es corto, denso, con textura sedosa y con una capa interior que permite que la segunda capa quede algo levantada. La cabeza algo redondeada en la parte superior, con una parte más ancha entre las orejas; la nariz con una suave depresión, mentón firme, ojos grandes, bien separados, algo oblicuos, y muy expresivos; y las orejas entre medianas y grandes, con ancha base y puntas redondeadas.

Las patas son esbeltas, con fuertes huesos, las delanteras algo más cortas que las traseras, con las garras claras y ovaladas. El rabo entre mediano y largo bastante más grueso en la base, estrechándose hacia la punta que acaba redondeada.
Es un animal juguetón, y muy cariñoso, con un carácter muy relajado.

SHADED MARRÓN

Características:
Tiene el manto plateado puro, con el tipped en marrón oscuro. La carnosidad nasal es roja; los cojincillos son marrones oscuros, y con los ojos verdes.

RAZAS ORIENTALES

SIAMÉS

Historia:
He aquí uno de los gatos más emblemáticos, aristocráticos y, al mismo tiempo, temidos de todos. Popularizados por el cine como una raza maquiavélica, no pasa desapercibido allá donde esté. Familiarmente reconocido por su color pardo gris, aunque también existe de color chocolate, azul y lila. En la actualidad los amplios conocimientos que existen sobre genética han permitido realizar los cruces necesarios para lograr una amplia gama de colores, consiguiendo la clasificación de más variedades, entre ellas el de puntas atigradas, carey,

rojo y crema, agrupadas bajo el nombre de Colourpoint de Pelo corto.

Ganaron un especial interés cuando a finales del siglo XIX la corte real de Siam los utilizó como presentes para los diplomáticos británicos y Americanos.

Características:
Con su cuerpo delgado y esbelto, su manto muy corto, fino, brillante, denso y sedoso, tiene la cabeza mediana, en forma de cuña con líneas rectas y las almohadillas nada separadas. La nariz es larga y recta sin ninguna depresión, el mentón de tamaño medio, formando una línea vertical con la punta de la nariz, y los ojos de tamaño medio, almendrados, altos y sesgados hacia la nariz. Las orejas grandes, puntiagudas, anchas en la base, formando cuña con la cara. Las patas largas y finas con garras pequeñas y ovaladas, y el rabo muy largo, delgado, estrechándose hasta la punta.

Este gato es de naturaleza extravertida y gusta de llamar la atención y de participar en cualquier actividad. El problema es que tiene una fuerte personalidad, totalmente imprevisible, que se muestra celoso con otros animales, e incluso con los niños, y su naturaleza salvaje le hace con frecuencia difícil de controlar. Es un animal solamente recomendado a expertos en el cuidado de gatos.

BALINÉS

Historia:

Existe la posibilidad de que estos gatos tuvieran el pelo largo debido a la utilización de un gen de los gatos de Angora cruzados con Siameses, por lo que se le considera la versión de pelo largo del Siamés.

Su nombre proviene de los bailarines de la isla de Bali, dada su esbeltez y gracia, donde un conocido criador de California, junto a otro aficionado, desarrollaron el programa de cría en los años sesenta. Su largo manto nada tiene que ver con el **Persa**, además, no tiene la capa interior lanosa, por lo que su pelo se mantiene pegado al cuerpo.

Características:

Dentro de la categoría de pelo largo tiene un manto fino y sedoso, cuerpo alargado y esbelto con buenos músculos. La cabeza es larga y cuneiforme, nariz larga y recta, mentón de tamaño medio, con la punta formando una vertical con el extremo de la nariz, ojos almendrados, algo sesgados hacia la nariz, y las orejas grandes, puntiagudas, de ancha base, continuando la cuña de la cabeza. Las patas largas y finas con garras pequeñas y ovaladas. El rabo es muy largo y delgado terminando en punta.

Motivado por la herencia genética los **Balineses** tienen un carácter similar al **Siamés**, muy cariñoso, pero que requieren se les preste atención.

ORIENTAL

Historia:
Los criadores que descubrieron al Siamés en Occidente llevaron a cabo el desarrollo de esta raza. En Gran Bretaña está considerada como raza independiente cada color que se logra, y sólo se aceptan como formas los lilas y los blancos. En Estados Unidos está reconocida una amplia gama de colores, pero divididos en cinco clases: uniforme, sombreado, humo, atigrado y bicolor.

Características:
Clasificado dentro de la categoría Foreign de pelo corto, tiene un manto muy corto, fino, brillante y muy suave; el cuerpo delgado, esbelto y con buenos músculos. La cabeza en forma de cuña, nariz larga y recta, mentón de tamaño medio, con la punta formando una línea vertical con el extremo de la nariz, ojos almendrados, algo sesgados hacia la nariz, y las orejas grandes, puntiagudas, de base ancha. Las patas largas y finas con garras pequeñas y ovaladas, mientras que el rabo es muy largo y delgado.
Al igual que el Siamés requiere una dedicación plena, pues necesita de mucho juego y ejercicio, y disfruta cuando le sacan de viaje.
Necesita un cuidado diario para quitarle los pelos muertos.

www.ingramcontent.com/pod-product-compliance
Lightning Source LLC
Chambersburg PA
CBHW070855290526
45795CB00001B/129